你的信任，是孩子最強大的底氣

神老師的客製化教養，
打造「以孩子為中心」的正向思維！

神老師＆神媽咪（沈雅琪）—著

推薦序

成為接住孩子溫暖的手

閱讀人社群主編　鄭俊德

拿到這本書之後，我在第一時間就讀完了。但是，裡面的故事卻讓我想了很久。

同時，腦中不斷默念：「孩子一生的幸運，是能遇到好的老師；孩子一生的幸運，也是能夠擁有好的父母。」

這本書不是一本嚴謹的教育理論書籍，也不是什麼特別的研究報告，而是真實又溫柔的教育記錄。

是神老師在教室裡用心寫、用時間栽培的幼苗，慢慢長成、悄悄綻放，開出一朵朵精彩的人生。

在書中的字裡行間，我看到一個又一個的孩子被溫柔的手接住，包括那些成績總是墊底的、在人際關係中總被排擠的、說不出口痛苦的，還有在邊緣徘徊失控的孩子。他們，因為被等待與理解的大人溫柔地接住，而後勇敢地活出屬於自己的人生。

在這本書裡，神老師沒有用標準來衡量每一個孩子，而是用「人的角度」，看見每個孩子的獨特一面，並支持孩子走適合自己的路。

書中有幾個段落故事，給了我很多不一樣的提醒。

像是有一個特殊特質的孩子被罰站，家長私訊神老師詢問原因。而後跟孩子溝通才發現，原來是安親班的懲處與懲罰。

在這段故事中，也點出了教育場景中的一個常見現實，我們常常要求孩子「變好」，但這個「變好」的標準，往往是用「學霸的標準」去要求每一個孩子，卻忘了先去定義，什麼是對這個孩子「最好的標準」。

每個人進步的起點不同，家庭的資源也不一樣。我們應該做的，不是套用標準答案，而是陪伴孩子，找出適合他們的學習方式。

教室，不該是工廠，而應該是一座花園。每朵花、每一株草，都該有他適當的位置。不同的栽培、不同的養分，才能長成美麗的模樣。

在書中許多篇章裡，我看到神老師的回應，不是處罰、不是標籤、不是否定，而是陪伴、觀察、溝通，以及轉化。

她讓愛發呆的孩子明白，老師不是針對你，是因為你還沒開始動筆。

她讓喜歡畫畫的孩子知道，不一定要喜歡老師，但我們可以先把自己該做的事做好。

她讓偷竊成癮的孩子，在被理解、被接納的環境中，重新穩定，找回人際連結與尊嚴。

這些不是簡單的教育技巧，而是堅定的教育信念。

孩子的偏差行為背後都有原因，我們大人該做的，不是壓制，而是傾聽與引導。

書中不只記錄她在校園的教育經驗，也包括她自己的親子互動。

她分享自己的孩子在玩手機遊戲付費失控的情況下，帶孩子去騎腳踏車、學習生活技能，轉換注意力外，也溝通出孩子內心的焦慮；更談到與工程師丈夫的教養理念，如何互相支援與理解。這些家庭互動，讓人會心一笑，也深刻感受到「身教重於言教」。

所以神老師說：「該我們做的都做了，該說的也說了，要不要接受，是他的選擇。如果他不改變，就只能出社會，等現實來教。」

這句話不是放棄，而是從過度控制的焦慮中抽身，轉而以尊重與陪伴，取代干涉。

這也提醒著我們：教育的本質，是耐心地等待，等待孩子成熟，等待孩子找到自己的方向。

透過這本書，願你我都能成為孩子的光——在他生命最脆弱的那一刻，接住他，照亮他前方的路。

推薦序

教育實踐中最堅實溫柔的力量！

諮商心理師　黃之盈

神老師是孩子堅實的心靈後盾，在融合教育的實踐現場，教師不僅是知識的傳授者，更是學生心靈的引導者。印象很深刻的是，神老師書中提及其中一位特殊學生，行為問題嚴重，家庭背景複雜，甚至有長期偷竊的行為，成為班級中的困難個案。然而，帶著愛和正向眼光的神老師並未被表面行為嚇退，反而主動請纓接手這名學生。真摯的教育熱忱與對學生本質信任，來自於深深的同理和理解。她意識到，這名孩子的問題並非只是行為偏差，更反映出其內在需求未被滿足。書中的每一位學生都被深深愛著，其中這位偷竊的學生令我印象深刻。神老師從孩子最基本的衛生習慣建立，從生活習慣的打理逐步協助她在人際、作業責任與自我認同上建立信心。不輟地與系統合作，善於彼此討教並與輔導老師、資源班教師密切合作，為學生打造充滿支持的環境。過程艱辛，卻最終見到成效：孩子的外貌整潔了，開始有朋友了，交作業也變成例行事務，甚至連慣竊的行為也消失了。

也許身為特殊孩子的家長會感到幸福，但同時神老師也可能會需要面對同班其他家長的想法，一般人也許會質疑，為何要花那麼多時間在一個學生身上，是否對其他學生不公平？但作者反駁得有力：「讓這個孩子穩定，才是讓全班穩定的關鍵。」

事實上，一個被忽視的特殊生，可能會因情緒或行為失控影響整體學習氛圍，進而造成師生關係緊張、學生間的排擠與霸凌。教育並不是只為「多數」服務，而是要讓每一個孩子都有被接住的機會，這正是融合教育的核心價值。

另一個案例則是顯示另一種特殊需求學生的潛力與成長可能。一位口語表達較弱的學生，原先被前任老師建議應該要有助理員全程陪同，然而作者選擇相信他的能力，並在自己授課時親自帶領他。結果發現，他的理解力與記憶力極佳，不僅能快速記住全班名字，還能精準無誤地分發作業、協助分類，甚至發展出細膩的工作能力！她看見一位孩子不只有弱處，還有可訓練的生活能力，並協助學生發展出自信心！

神老師將教師這個角色發揮得淋漓盡致，讓孩子在班上安在、有機會獲得認可與成就感，而逐漸開始與同學互動，進一步融入班級生活。這段歷程不只是教師對學生能力的重新定義，更是一種深刻的「照顧他，讓他能照顧自己」的教育信念！

讓我也深深動容的是，書中的每一則案例都令我非常觸動「真正的融合教育，是給每一個孩子一個被接納與改變的機會」。無論是行為偏差的孩子，還是溝通能力較弱的學生，只要教育者願意花時間去理解、陪伴與引導，他們都可能展現出令人驚喜的成長與進步。在神老師的愛與灌溉下，她往往能建立孩子的底氣，並且實踐所有的努力都是為了全班共好，尊重個別差異性讓每個人都閃閃發光，這也正是教育實踐中最堅實溫柔的力量！

自序

源源不斷的暖意，成為我人生最堅強的後盾

我今年五十歲，當老師剛好第二十五年，人生竟然有一半時間都在教室裡教書、改作業。我以為一輩子就是這樣教到退休，沒想到這十幾年來，我的人生有這麼多的意外。

我們家有六個姐弟，前面三個姐姐都是學霸，從小到大都是全校前三名，妹妹則是各項語文比賽、才藝比賽的常勝軍。我排行老四，卻什麼都很平庸，最好的大概就是我的身材高大，從小就是運動員，不過也沒有打出亮眼的成績。所有科目裡面，大概就語文和美勞最差，也沒有興趣，沒想到現在每天不斷寫、不斷畫，是我以前怎樣都想不到的。

我人生中最大的轉折大概就是女兒的出生，她全面性遲緩、全身肌肉張力不足，從小到大領了五張身心障礙證明。為了陪她去做頻繁的各項檢查、復健，我把原先規劃好想當組長、主任、校長的行政路，毅然決然改為選擇辭去行政工作，把下班後和寒暑假的時間用來完整地陪著她，早療六年、語言治療四年、體操八年。我沒有為她放棄，而是做了不一樣的選擇。

如果我的人生到現在有一點點的成就，大概就是這個孩子，如今她能正常走路、說話，有各項自理能力，去年還考上了高職，自己搭火車、公車上學，給了我們很多的驚喜。也因為生養了一個特殊的孩子，讓我需要很多的方法來療癒自己，需要做很多開心的事來補足缺少的成就感。於是我烤了八年的蛋糕、麵包，考了兩張烘焙丙級證照；我做袖珍屋、機車模型、羊毛氈……；我學騎大型重機，到七星潭看海、在台東三仙台看日出、在武嶺看雲海；我寫了十年的文章，出了八本書。後來因為脊椎受了傷不能騎長途車，我又開始學畫畫……

雖然人生陷入絕境，但想活下來的時候，總會找到方法。走的路不一樣時，很多以前在意的事，現在都成了微不足道的小事。我遇到的每一個關卡和困頓，都成了讓我的人生轉彎的契機。在教育的路上，我善待每一個孩子，而他們的良善也回饋到了我的身上，讓我們彼此都成為更好的人。走上這條路我從來不曾後悔，因為風雨過後總有彩虹，而如今的我正沐浴在最耀眼的光芒中，源源不斷的暖意成為我人生最堅強的後盾。

目次

Chapter 1
學校，孩子的另一個家

Chapter 2

每一次溝通，都更接近你

Chapter 3

做那道指引孩子的光

Chapter 4
讚美，讓彼此變成更好的人

Chapter 5

愛到最深是放手

Chapter 6
陪著你受傷，陪著你成長

Chapter 1

學校，孩子的另一個家

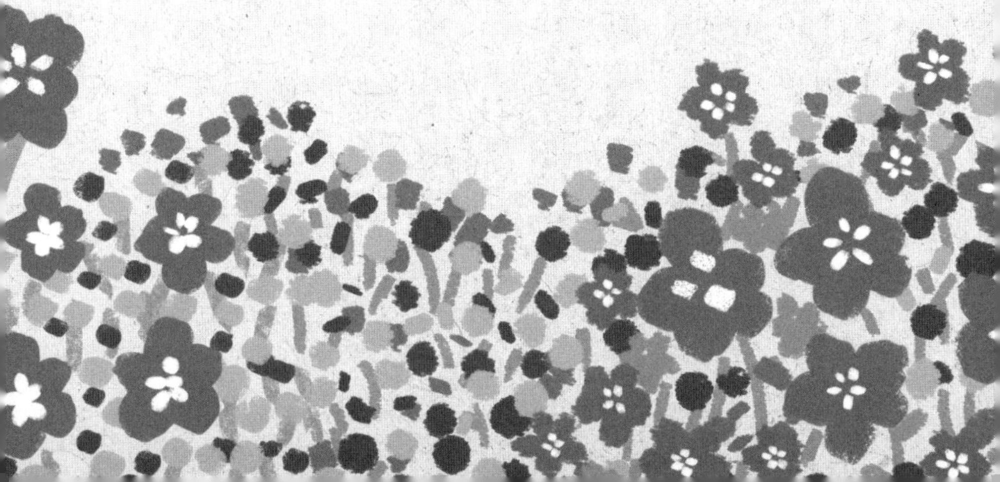

深夜的訊息

昨天早上起床，看到班上的一位家長在深夜時傳了訊息給我，他說他的孩子每天都被罰站，到底犯了什麼錯要罰那麼久？這樣難道不會讓同學覺得他是壞學生嗎？希望老師的處罰點到為止就好，不要讓孩子內心受傷。

我看到時很驚訝，但是沒有任何憤怒或是被質疑的難過，因為我並沒有處罰孩子。在我們班上，並沒有任何罰則，當小孩犯錯，都是將他們找過來詢問原因和解決方法，最多是將每天的日記改成反省日記，不罰抄寫，更沒有罰站，所以我不需要跟家長辯解罰站多久、為什麼罰站。

我也不覺得孩子說謊，他會這樣說，一定是在哪裡被罰了，但是他的口語表達能力沒有那麼好，如今說出來，一定是忍很久了。

我跟那位家長說：「我的天！他到底上什麼課被處罰呢？我從來沒有罰過孩子，而且我整天都待在教室裡，在教室裡上的課也沒有看到老師處罰，今天到學校，去問問看其他科任課的情況。」七點二十分到學校，問了班上的孩子，再傳一次訊息給家長：「我詢問過孩子們，他在科任課也沒有被處罰，可能要再問問看。」

家長立刻回傳：「真抱歉，剛剛問了小孩，他說是在安親班被罰的，我再去問問安親班老師。」

這個孩子的學習障礙，大概只比我家妹妹好一點。看得懂，但是書寫有困難，所以我從來就捨不得處罰他，簡單的數學計算我會把他找來旁邊教他寫，國語就讓他自行抄寫，其他的我則會給答案。功課不多，至少練習一遍，能把功課交出去就好。

同學都清楚他的狀況，也很心疼他，沒有人跟我計較為什麼他寫的少？為什麼功課能簡化？只要他在寫功課，就有同學輪流到他身邊教他、帶著他完成。

全班一起寫考卷或作業時他會發呆，國語考卷或作業，我會請他拿課本出來找答案，考數學時請他坐在我旁邊，一邊改作業，一邊帶著他完成。

讓他考十幾二十分的意義是什麼？他能找出答案填進去，能計算正確，就已經做到他的「最好」了。

同學都說我像他媽媽一樣疼他，總是想辦法幫助他、鼓勵他，怎麼捨得罰他？因此第一時間我並不擔心家長的投訴。現在已經是六年級下學期了，這個家長總是客客氣氣的，會在深夜傳訊息給我，口氣這麼直接，一定是非常心疼孩子。所以我也不怪他，很感謝他先告訴我，我們一起找出處罰孩子的老師和原因，協助孩子解決困境。

學習障礙的孩子在學習上面遇到極大的困難，沒有成就感，學習沒有動力，看著作業完全不想動，罵他、處罰他都沒有用，只會讓他更排斥。與其讓他瞪著作業發呆，不如替他減量，在他完成時鼓勵讚美他，找方法讓他完成。

老師不能改善孩子的學習障礙，但至少在學習的過程中，能減少困難和痛苦，給予友善的環境。

轉彎，只為了找到適合孩子的路

分享會上，電競說書人Vocal問我，他看著我兒子長大，從高中時的叛逆到現在上大學後的轉變真的很不可思議。更讓人訝異的是，我們現在的感情超好，孩子三不五時會打電話給我，每兩個禮拜回家一趟。到底怎麼能從叛逆的青春少年，變成現在這麼窩心又親近的樣子？

我也覺得很神奇！兒子高三時，有一次聊天，談到他的國文成績在班上考了第二高分，我很感慨地跟他說：「你有沒有覺得人生很妙？同一個人，環境不一樣，竟然會有這麼大的改變！」

他在國一時，曾經校排第十五名，國中以第二名畢業，我一直都不需要擔心他的成績。沒想到考上高中的體育班後，第一個學期有一半的科目不及格，第二個學期是所有科目都不及格，國文只考了二十幾分。看著他的成績失控往下掉，對於他暴躁又不安的情緒，我無能為力，只能提醒他未來是自己的，千萬不要放棄自己。

一定會有人告訴我，「小孩要自己能想，要有自制能力。」但是當孩子懷疑整個環境，覺得自己的學習就是得這樣度過三年時，能不放棄的孩子真的很了不起。

高一快結束時他說想休學，不知道以後如果不能打球還能做什麼，對當時的生活憤怒和懷疑。我尊重他的選擇，只問他：「如果休學了，你之後想做什麼？只有國中文憑想去工作嗎？還是再找個學校把高中讀完？」他想了想，決定再找學校讀書。

陪著他去辦休學、想辦法另外找學校，我們進了私立高職。練球十年的孩子要放棄球隊，只會打球其他的都不會，要適應私立高職嚴格的管理，每天早上五點四十五分出門，六點半進學校就要交手機，到晚上九點半才回家，這樣的轉變，任誰都要花一段時間去適應。

在那段最狂暴的過渡期，我曾經焦慮到求救心理醫師，我問他：「小孩會好嗎？會回到正常的狀態嗎？」好怕他就這樣對人生失望、對人性厭惡。我沒能做些什麼，只有在他抱怨時聽他說，每天早上五點幫他準備早餐，然後送他出門上學，跟他聊上兩句。每天只要他願意出門上學，我都感謝上天。那是一段不堪回首的過程，但是我們撐過來了。

最記得每次孩子有狀況時，老師會打電話給我，聽完後我總是超擔心的，老師都會跟我說：「媽媽，妳放心交給我，我來處理。」當下真的淚流滿面，老師陪著一起接住孩子真的很讓人感動。

進入高三的他連暑假都只有一個禮拜，每天都得上全天的課，但是他告訴我，「真的要認真上課，才不會跟同學聊的只有遊戲。」「有上課才能跟前幾名的同學討論功課，遇到不會的題目問同學時才不會被嫌棄。」「要維持前幾名才能考上國立大學……」還告訴我：「妳不是說讀書是要讓自己有多一點選擇？」當下沒有文字能夠形容我內心的感動，我跟他說的話，他都有聽進去！

同一個孩子，換了學校、換了老師，竟然從沒有一科及格，到在意自己的學習，對自己有期待和目標，我一定是上輩子拯救世界了吧？

之前帶學生去參觀二信高中，見到劉國樑老師，我對著老師深深鞠躬，感謝老師在孩子最混亂時陪著我們一起接住孩子。

現在兒子大三了，劉老師和科主任都還持續跟兒子聯絡，常常鼓勵他、給他方向和建議，能有這麼好的老師陪伴著，真是人生最幸運的事。

在我眾多的身分裡，媽媽這個角色最是難為，不管何時都在考驗我的耐性和智慧，感謝我當年能夠毅然決然帶著孩子離開不對的環境，讓孩子找到自己的方向。

被善意眷顧的孩子

那天是妹妹國中的畢業典禮，前一天她自己打電話問阿嬤能不能來參加，隔天阿嬤和阿姨一起出席，她超開心的。

他們班今年畢業的三個孩子，直接包辦市長獎、議長獎和處長獎，但是第三名的孩子超愛校長，希望能得到校長獎，看到那孩子能上台跟校長合照，從校長手中領獎又蹦又跳的，下台了還開心地動個不停，心裡真的很感動。

領什麼獎不重要，校長能讓孩子這麼喜歡、學校能為這個孩子做調整讓他不留下遺憾，而不是只在乎程序，這是多麼棒的做法。

回顧妹妹的國中生涯，雖然因為減班併班，沒有畢業旅行，有些波折讓我覺得遺憾，但是妹妹這三年過得很開心，沒有受到任何霸凌，沒有因為她不認得字無法計算而被放棄，不用為考試焦慮，不用每天考低分感到挫敗和難過。

妹妹在木工課跟著老師學丈量，嘗試使用釘槍和鋸子，全班一起蓋了一座投籃機，讓人驚訝的是，不運動的她竟然能在一分鐘內投進二十六顆球，得了投籃第一名！

每個星期四的烘焙課，她做了麵包、餅乾、章魚燒，老師和助理員阿姨手把手地教著，她完成了好多作品帶回家跟我們分享，累積了很多成功經驗和成就感，她說她是打蛋第一名。

老師和助理員阿姨都對她非常疼愛，因為老師的認真教學，她累積了很多字詞量，最後還考上了高職。

在特教班裡學會了她需要的能力，得到足夠的練習機會，有老師細心的指導教學，讓她開朗有自信，覺得自己很幸福。

昨天看著小時候怯懦的她踏著自信的腳步，自己走上台去領了市長獎，內心的感動無法言喻。

如果她讀的是普通班，就算有木工課和烘焙課，她應該連練習的機會都沒有。給孩子適合的環境以及學習需要的能力，給她足夠的時間練習，讓她不需要每天在挫敗中消沉，為學不會被處罰，這一切的一切，都要謝謝老師們的認真教學，謝謝助理員阿姨的照顧，謝謝信義國中對特教的重視，希望下一個階段，她也能得到這麼多的善意。

把學校養成的「態度」帶回家

很多年前剛帶一班新的五年級，就發現有個孩子人際關係極差，總是沒有人願意靠近她。

觀察了幾天，我把那小女孩找來問：「妳覺得同學為什麼不喜歡妳？才編班沒多久，為什麼這麼快就有人不喜歡妳呢？」她想了很久，「可能是我對別人說話口氣不好吧，還有他們罵我，我會生氣……」

我說：「別人罵妳，妳會生氣是正常的，但是他們為什麼罵妳？」

她聳聳肩搖頭，「不知道。」

雖然說話得顧及孩子的自尊和顏面，但是發現孩子下課總是一個人，發現同學對她講話的態度不友善，我決定一定要和孩子一起找出問題。

我拿鏡子給她，要她仔細看看自己，「妳看到什麼？」她說頭髮很亂，眼角有眼屎，嘴角有口水痕。我告訴她：「我們對每個人的第一印象就是外表，當然不需要打扮得非常美，但是至少要整齊、乾淨。老師問妳，妳早上出門有沒有刷牙洗臉？妳多久沒洗頭？」

她開始回想，「嗯，好像是……」我聽到這句都快暈倒了，連自己幾天前洗的頭都忘了，所以在大熱天裡，她已經好久沒洗頭了，從外觀看來頭髮又油又亂，看起來穿的也是前一天的衣服，難怪發出陣陣的味道。我問她：「妳有聞到頭髮的味道嗎？」孩子問：「什麼味道？」

我請她把手放進頭髮裡搓一搓，再聞聞她的手，她驚呼：「天呀！怎麼這麼臭！」因為習慣自己和家裡的味道，有時孩子根本沒辦法察覺自己身上發出臭味，讓孩子直接感受其他同學聞到的味道，孩子才能知道要做哪些改變。

我告訴她：「同學可能都不好意思跟妳說，這就是他們在妳身上聞到的味道，妳也覺得這味道不舒服對嗎？從今天開始，夏天每天都要洗頭洗澡，起床要刷牙洗臉，出門前要照鏡子把頭髮梳整齊，要低頭看一下自己的衣服，有像這樣一塊一塊髒污的盡量不要穿。」

她說：「老師，我家的衣服都是這樣，爸爸已經好久沒有幫我買衣服了。」她身上的衣服又小又髒，看起來真的就是疏於照顧。我要她每天先把自己洗乾淨、頭髮梳整齊，衣服的部分老師來想辦法。

單親，爸爸又失業在家，阿嬤年老無力工作，三個人就靠社福補助過活。沒有媽媽的教導，孩子不懂得照顧自己，家境又貧困，沒能給孩子足夠的照顧，常常會讓孩子不只是生活辛苦，在人際關係上也受到很多排斥。先教孩子把自己照顧好，讓同學願意接近她；幫孩子找補助，申請各項獎學金。把孩子打理好了，再來調整她對同學講話的方式和態度。

我要她準時交功課，不會寫的可以問，比較困難的作業就在學校我盯著完成，至少有老師和同學可以問。有科任作業時我一定在老師要收之前先跟她要。然後我在她旁邊安排個性開朗又善良的孩子，私底下拜託同學幫我照顧她。

她的成績雖然沒能有顯著的進步，但光是外表乾淨、作業按時交，孩子的人際關係就能有明顯的改善。

我們也許沒辦法戰勝家庭教育，但我也因此學會了盡力去幫助孩子，而不去與家庭環境抗衡。在學校盡力把孩子拉上來，讓她喜歡這樣乾淨又努力的樣子，回到家回到原點沒關係，只要到了學校她會自動回到我期待的樣子就好。我們最終的期盼，是讓孩子把學校養成的態度帶回家。

這孩子畢業好多年了，輔導老師還會定期去探望，帶衣服和物資給她，過年過節我們會替她留一份年菜，給阿嬤一點錢。希望孩子能好好長大。

孩子說不出口的

遇見一個孩子，每一次上某堂課，她就會被科任老師點名：「妳上課在幹嘛？」「為什麼在玩東西？手上拿什麼？」「現在大家在寫習作，妳為什麼不動？」「妳坐好！不可以趴著！」

看起來，那孩子上這堂課時超厭世。下課後我把她找來，拉著她的手問：「妳剛剛上課怎麼了？」她說：「不想上這堂課。」我問：「妳是不喜歡這門課？還是不喜歡這個老師？」「妳聽得懂老師上課說的嗎？」孩子點點頭。「那習作上的題目妳會寫嗎？」她也說會。

孩子無法專注，喜歡畫畫的她，隨時都在塗鴉，不喜歡這個老師，上課一直被唸，於是她不想動、不想寫、趴著不想聽，老師看到她的態度更生氣了，就會大聲提醒她。這樣的惡性循環，讓老師和她每次上課都很不開心，全班也要等待老師不斷提醒她，我在教室裡看了也難過。

我跟她說：「其實老師很認真呀！她有發現妳沒有跟上，擔心妳沒有把習作完成，擔心妳上課沒有好好聽，她有盡到自己的責任呀！」「妳不喜歡她唸妳對不對？那我們就不要給她機會唸，該寫作業的時候妳在畫畫，老師當然擔心妳。」「上課沒辦法畫就下課畫，該抄的筆記要抄，妳可以不喜歡她，但是我們把自己上課該做的事情做好，這樣老師就不會一直叫妳了，對嗎？」

「老師以前上學的時候也有不喜歡的老師，我為了不要讓老師叫到我的名字、不要找我麻煩，所以我會把作業寫好、把自己的事情做好，讓她不會注意到我，也不會有機會罵我，不然每次上課都一直被老師唸，是不是會很煩？」

「看到妳一直被唸我也心疼呀！當我們的態度改變了，老師也會改變對妳的態度。」

我也去找科任老師溝通：「這孩子比較沒辦法專注，因為家裡的因素沒有學習動力，但是她不會去干擾別人，頂多就是在課本上畫插圖，我怕她會放棄這一科，我再跟她多溝通，是不是請老師最近先不要唸她，我看看她的狀況有沒有改善……」跟老師談了很多她和家裡的狀況，讓老師知道她的難處。科任老師終於了解孩子的困難，答應我會多鼓勵孩子。

讓孩子放棄很簡單，要讓學不會的孩子重拾信心和興趣，則要花很多時間和力氣。

另一個孩子明顯有讀寫障礙，只要遇到寫習題，就一個字都寫不出來，科任老師看到他都不動筆，不斷地一直唸：「你怎麼都不寫、都不動作？趕快寫！下課來我辦公室寫！」唸到都快發火了，接下來一整節課都在嘆氣。

我也看不過去，下課時去找科任老師解釋孩子的狀況，我跟老師說：「孩子是真的寫不出來，我的國語數學都讓他打開課本看著寫，或是直接給他答案，這樣他才能完成作業。還有就是老師您上課會一直嘆氣，我坐在旁邊都覺得整個班級情緒很低落，沒有一點反應，其實我們班還滿活潑的，是不是請您不要因為這個小孩，上課一直嘆氣呢？」

導師最了解孩子的個性和脾氣，知道每個孩子適合用什麼方法溝通。孩子對導師也比較信任，能不嘔氣好好把話聽進去。了解孩子上課遇到的問題、提醒科任老師孩子的狀況、想辦法替孩子和科任老師解套，或許就能讓孩子不放棄任何一科。

有很多孩子面對障礙或困難，不知如何是好，如果再加上他人的針對或厭惡，就可能自我放棄。孩子說不出口的，我們都帶著他想想辦法。

讓環境去接納每一個不一樣的孩子

王寶釧苦守寒窯十八年，我是堅守在高年級二十四年，對於高年級孩子們會犯的錯、會發生的狀況瞭如指掌。高年級孩子比較不會表達，但是孩子們的一個表情或一個動作，我大概就能猜到發生了什麼事情。高年級的孩子進入叛逆期不好帶，很多人避之唯恐不及，我是已經非常習慣、經驗豐富而且樂在其中。

那一年，五年級只剩下我一個資深老師，另外兩位都是第一次帶高年級的老師。

安置特殊生時，其中一個孩子家庭複雜，有嚴重的偷竊行為，雖然接受了長期的心理諮商、小團輔，各種獎懲制度都用盡了，卻無法改變她的行為，大家對她都很頭痛。我跟負責安置的老師提議：「我想帶這個孩子，雖然沒有碰過她這樣的狀況，但是我相信我一定有辦法可以帶她。」

不知道自己哪裡來的自信，但是把這樣一個孩子交給新手老師，我真的不放心。問題在表面的都好解決，皮小孩對我來說輕而易舉，但是這個表面乖巧的孩子會有這麼嚴重的問題，一定不是單一原因造成的，得花很多心思去處理她的內心世界。

花了整整一年的時間，用盡各種方法，和資源班老師、輔導老師配合，先從孩子的衛生習慣開始建立，改善她的人際關係，讓她找到朋友；再減少作業量讓她慢慢習慣交作業，大量針對她有做到的工作稱讚，讓她獲得成就感；在班上為她降低同學對她的敵意和疏離，製造她和同學的互動；和資源班老師透過各種獎勵方式，讓她用自己的能力去得到想要的東西。這孩子身上整潔了、身邊有朋友了、所有作業都能交出來了，慣竊的行為也終於不見了。

有人會覺得花這麼多時間在一個孩子身上，對其他孩子不公平。但是，如果這個孩子會讓大家人心惶惶，每天擔心自己的東西不見，看到這個髒兮兮的同學就心生厭惡，坐在身邊就覺得反感，這個班級就會紛亂不安，霸凌行為不斷。放任一個這樣的孩子自生自滅，對於這個班級就是很大的傷害。

讓這個孩子的行為穩定，其他孩子就能穩定好好上課，所有的努力是為全班的孩子做的，不單單只為了一個人。

融合教育的精神應該就在這裡，讓這個環境能去接納不一樣的每個孩子，帶領特殊的孩子用適合的方式融入群體。

照顧他，讓他以後能照顧自己

班上有一個孩子，口語表達能力弱，我的國語課和數學課，他都在潛能班上課，不需要交作業給我。

在接這個孩子前，有老師不斷提醒我應該要讓助理員全時陪伴，照顧他的生活、隨時安撫他的情緒、處理各種突發狀況，感覺上是一個生活很需要幫忙的孩子。

開學後，我請特教老師把助理員的時數排給科任老師，我在教室時，由我自己帶他。

我發現我說的指令他都聽得懂，而且記得很清楚。下課時，一半以上的孩子會出去玩，其他的會在座位上看書，他就在我旁邊繞來繞去，跟同學完全沒有互動。

有一次我突發奇想，請他幫忙發作業，我問他：「你知道要把作業發給誰嗎？」他好開心地說：「知道！」才開學兩天，我都還叫不出班上孩子的名字，他竟然能正確無誤地把所有作業發到每個同學桌上。

從那一次開始，每一節課他都在我旁邊催促我改作業。我跟他約定好，第二節下課改好才能來發，他會依照我們約定好的時間過來發作業。帶著他把不需要發的作業抽出來，放進櫃子裡，才兩次他就學會分類。如果一次發三疊，他還會把同學桌上的作業排放整齊，是很細心的孩子。

觀察他發作業的過程，有些同學會跟他說謝謝，有些同學只是接下作業，有些孩子冷漠當作沒看到。

等他去潛能班上課時，我跟其他孩子們說：「下課時，他在教室幫你們發作業，每節課都在等作業改好，這是唯一一件他可以為你們做的事，你們可以幫忙的事很多，但是他只有這件事可以幫你們做，他很珍惜這個機會，發作業時還會細心幫你們把作業排整齊放在桌上。

「我們要鼓勵他有把事情做好，讓他的能力越來越好，在他發作業給你的時候跟他說一聲謝謝，他就會很開心，如果他有做不好的事，我們都耐心地提醒他，他就會進步。」

課業作業上我幫不上忙，但是在教室裡的生活我會負責，請他把桌子和地上的東西收好、下課時幫忙發作業、提醒他要去上廁所、吃飯後帶他把餐盒擦乾淨收到餐袋裡、打掃時讓同學帶他掃走廊、放學時請他幫忙關電扇。

他到我們班，就是我們的兄弟，我們要努力教他、照顧他，讓他以後也能好好照顧自己。

Chapter 2

每一次溝通，
都更接近你

教養不是只有打和唸

有一次吃晚餐，為了一件事，我們都覺得哥哥做得不對，工程師勸了他兩句。哥哥有自己的理由，說到後來有點發火，聲音大了點，惡狠狠地說兩句就甩頭上樓。

當下我有點擔心工程師生氣，他五十歲了，又在公司當主管，這樣被吼應該沒有幾個人能忍。但是看到他繼續吃飯，還跟弟弟聊兩句，我以為他在故作堅強，讓我很心疼。

今天該他收拾碗筷的，看他吃完飯過去收拾廚房，以為他需要冷靜一下，便沒有像平常一樣催他上樓洗澡。

睡覺時我抱著他，親他兩下，跟他說：「你不要生氣呀！臭小孩的脾氣真的好壞，但是你竟然沒有跟他吵起來，你的EQ實在太好了！」

他說：「我沒有生氣呀！他這麼大了，都成年了，跟他生氣也沒用呀！該我們做的都做了，該說的也說了，他要不要接受是他的選擇，不改就只能等出社會讓現實來教。跟他嘔氣，你連說都沒得說。」

我超驚訝的，「我以為你會生氣耶！要是我就三個月不跟他說話，讓他好好反省！不給這個月的生活費了，態度這麼差，餓他幾天幾夜，哼！」他笑了起來，用力摟了我一下。

隔天吃飯時，兒子還帶著怒氣下樓，工程師說：「趕快來吃飯。」看到工程師沒生氣，哥哥的表情緩和了下來，父子又有說有聊了起來。

成年的孩子覺得自己已經是大人，不喜歡被約束管教，看事情的角度跟我們截然不同。我們總擔心孩子的態度和行為出去會吃苦，不斷地嘮叨，只能把親子關係越唸越疏離。工程師的方法真好，至少還能跟他聊聊，提醒一下，點到為止就好。

小的時候盡力教養，國、高中耐心陪伴，成年以後當朋友聊聊經驗，溝通觀念。每一個階段的相處方式不一樣，親子關係破裂就很難挽救了，每個階段我們都盡力就好。所有的角色中，父母最難。教養不是只有打和唸，還有很重要的示範。

越擔心越要陪伴

兩個兒子陸續打電話跟我聊天，一個說他大概被我傳染感冒了，還好這一週剛開學比較輕鬆；另一個說他的女同學跟他聊起他的車子。弟弟有時不知道跟我聊什麼，就會發他的晚餐、午餐照片，跟我介紹他們學校附近的美食。

我自己高中讀不好，所以他們兩個高中時對讀書沒有興趣，我從來沒有責備過一句。每天早上五點四十五分他們出門搭校車時，我一定準備好熱騰騰的早餐等他們下樓；用獎學金鼓勵他們重視週考，至少為了零用錢可以試試看，發現自己原來只要努力了也考得還不錯。

弟弟有想讀的學校，我和工程師帶著他到台中去看看學校環境，加強他想考上的意願。

我們希望兒子不要因為青春期的叛逆，錯過了選擇的機會。

當他們的情緒穩定，不需要每天跟我爭吵、不需要為了自己的意願跟父母搏鬥時，就能靜下心來想想我們跟他們分享的經驗，想想自己的未來。

上了大學，他們說想騎檔車、仿賽時，我想起工程師大學時，也是騎著NSR接送我上學。我們去買了三台二手檔車，讓工程師帶著我和兒子們學騎車。那陣子我們四個人四台檔車，常常相約一起去看日出吃早餐、一起去騎蘇花看海景。

越是擔心的事情，越要陪著他們一起學，不需要每天細細唸，只要在陪伴的過程中用安全的方式示範，看到問題時提醒兩句，讓他們多少能聽進去一些。

兒子說要騎黃、紅牌去學校，工程師跟他分析：「黃、紅牌的保養和維護很貴，學生養不起，而且停車不像白牌方便。」跟他說清楚我們不支持的理由，他也覺得有道理，最後打消了念頭。

不需要大吵大鬧，找情緒穩定的工程師負責溝通，兒子就能靜下心來思考現實。

這兩天我也騎500cc的仿賽上班，大概能了解兒子想要耍帥，想要享受動力的感覺。

跟孩子一起，或許沒辦法百分之百知道他們的想法，但是可以了解他們的感受。

我跟兒子說：「不要侷限在現在讀的科系需要的學分，想想自己的興趣和以後要從事的工作，去選修一些有興趣的課，甚至可以去學校附近看看有沒有付費的課程。」

弟弟是學美工設計的，可以看看有沒有室內設計或景觀設計相關的課，大學的時候，有很多機會和時間可以選擇想學的課程，等畢業後工作了，想學就比較沒時間了。

「有想學的，媽媽一定支持你。」

我好像很少拒絕孩子，他們有想做的事情、需要的東西會來跟我商量，我認同的會提供資源和學費支持，不認同的就會跟他們說說想法，最後尊重他們的決定。

不在孩子的成長階段與他們對立，讓他們知道跟我商量是安全的，不會被批判的，我才能知道孩子在想什麼、做什麼。

我當媽媽可是很認真的！所有的身分中，父母最難為，也影響孩子最大。別只想著禁止孩子，跟孩子有良好的互動，讓孩子靜下來思考我們的建議。

失控的青春期

那天兒子打電話給我，我問他錢夠不夠用？他說寒假打工的錢到現在還沒用完，身上也還有過年的紅包，他有妥善使用，錢很夠用。

我笑了起來，「什麼叫作妥善使用？你還有加值遊戲嗎？」他說：「早就沒有了，我發現那好浪費錢，打工一個小時才多少錢，拿去加值打一下下就沒了。」

我說：「太感動了，終於等到我兒子成熟長大了，知道加值遊戲很浪費錢了！」我們兩個都笑起來。

「可是你欠我的還是要還喔！現在想想你高二那年幾個月加值十萬，有沒有覺得很可怕？十萬可以做好多事耶，就這樣在手機上買了配備……」他一直笑，「等我以後工作賺錢再還妳呀！」

當年他的手機門號綁定我的信用卡轉帳代繳，他突然用小額代扣的方式買了很多遊戲配備，我沒有看帳單的習慣，轉帳代繳的項目多，每個月卡費都多，所以他買得我不知不覺，讓我措手不及，等到我來得及反應，他已經刷了幾個月，總共十萬元。

當時當然很震驚，但是我們只是把轉帳代扣的功能停了，電話費讓他自己去繳，沒有禁止他使用手機，沒有要他刪除遊戲，更沒有要他立刻還錢。當時以他的叛逆不管做什麼懲處，都會讓我們有極大的衝突，親子關係破裂。

我們只是靜下來告訴他我們的處理方式，也讓他知道賺錢不容易，談了很久，他說他以後不會再這樣做了，還很慎重地跟我道歉。

但是，那時說什麼對他來說應該都很遙遠。

我們後來很少提到這件事，我討厭別人碎唸，所以也不拿同一件事情去刺激孩子，直到他自己去打工，才知道辛苦端盤子一個小時的工讀費，拿去加值買幾個小配備就沒了，當他自己要掏錢去買時，那個痛才深刻。處罰和禁止都只能強制停止他的行為，卻無法讓他了解最重要的意義。

如今終於等到他自己提到手遊加值的問題，我問他：「你把這幾年加值的錢算一算，是不是都能拿來買你喜歡的車了？實在太可惜了！」

面對說兩句就會爆炸的青少年，真的要有很強壯的心臟，要能夠經得起突如其來的震撼，也能在發生問題時冷靜，還要能忍住自己的壞脾氣不跟他對打，做媽媽真的很不容易。

這也是這幾年需要常常去騎車、看日出的原因，實在需要出去喘口氣，看看升起的日出，等待天明。要用很多方法先平復自己的情緒，再來面對失控的青春期。

不要拒絕孩子釋出的善意

工程師每兩個禮拜會回南部看公婆，如果我沒有其他行程，就會跟他一起回去。

有一次，工程師打電話回家說要帶餐點回去當午餐，公公依照慣例立刻婉拒，「不用不用，你媽媽隨便煮幾個菜吃就好。」要帶他們去餐廳吃飯，公公又說：「不用不用，家裡什麼菜都有，媽媽煮很方便的，炒幾個菜就好。」看到婆婆一桌子的菜，我很清楚，以婆婆仔細的個性，光是洗菜挑菜一定就花很多時間，在悶熱的廚房裡忙一、兩個小時，煮到全身汗，看似簡單的菜色卻一點也不簡單。

回程的路上，當著兒子的面，我跟工程師說：「不知道媽媽怎麼想的，但是以後如果兒子要帶東西回來給我吃，請你說好！」「拒絕多了，小孩的體貼和善意總是碰壁，久了就覺得你不需要！」「但是我喜歡呀！我也希望兒子把我放在心上，吃到好吃的會想到我，會幫我帶一份，想帶我去美味的餐廳，看到美景會想帶我親眼去看。」

那是一種被放在心上疼的感覺，孩子體貼我煮飯辛苦、會怕我熱捨不得我忙，會讓我很感動耶！

我當然也喜歡煮飯給孩子們吃，但是偶爾也想跟久久回來一次的孩子好好聊聊，而不是站在廚房忙煮飯，吃完忙收拾。

「不要隨便替我拒絕孩子想釋出的善意啊！」

「所有的付出都需要學習和鼓勵，拒絕久了，對方就會覺得你不需要、不想要。」

兒子在旁邊笑了起來，「我會記得的！」

餐點好不好吃是另外一回事，孩子把父母放在心上，想與我們分享、想對我們好，是多麼值得珍惜的事。

家庭教育的重要

陪工程師回雲林帶公婆去餐廳吃午餐，他點了我愛吃的蔥燒魚和炒水蓮，不斷地替我夾菜，把刺多的部位夾給他自己，給我的都是腹部魚肉厚實的部位，沾了醬汁後放進我碗裡。桌上沒有轉盤，他也替公公婆婆夾距離比較遠的菜。

一邊吃飯，我們一邊聊天，公公一邊說著話，細心地把魚肉裡的刺挑出來，再放入婆婆的碗裡，他自己每夾一道菜，就替婆婆再夾一次，直到吃完午餐，婆婆沒有自己夾過菜，卻整個碗裡都是滿的。

從雲林回家要三個小時，工程師算了時間載我出門，剛好晚餐時間經過竹北，說要帶我去吃我愛的麵食。他點了我喜歡吃的捲餅、炸醬麵、小籠包和好幾道好吃的小菜。麵一上來，他把麵移到他面前，把底下的炸醬翻上來，翻攪均勻後要我先吃。

看著他的動作，想起中午吃飯時，婆婆被公公和工程師照顧著的樣子。工程師從小看爸爸照顧著媽媽，所以他也用同樣的方式照顧著我和孩子，找餐廳點菜時顧慮我的喜好，覺得好吃的都夾到我碗裡，需要小碗、餐具時他一定立刻去拿取。

如果妹妹有跟我們一起吃飯，工程師會替她分裝在小碗裡，把妹妹安頓好、幫我準備好，他才開始用餐。

我想家庭教育很重要，他的體貼和良好的教養、善於照顧家人，都來自從小父母的示範、生活中的教育。我也希望我們能成為這樣的父母，讓孩子看著習慣著，也成為跟工程師一樣善良體貼的人。

Chapter 3

做那道
指引孩子的光

我付的不是薪水，是學費

那年寒假，我們完全沒有出國計畫，這其實是從兒子們高中時我們全家一起去日本自由行，回來以後我就做的決定。

那一次出遊本來是希望讓他們能出去走走看看，結果我們安排的景點高中小孩不願意去，連續逛了秋葉原三天，只看鋼彈。訂好的燒肉餐廳不想去，只想在飯店附近隨便吃吃，回飯店玩手遊。都到富士山了，完全不想下車，只想在車上睡覺。

我們和孩子喜歡看的風景完全不一樣了。

那時我就決定，等他們長大賺錢了想出國玩再自己安排行程出去玩，不需要勉強一起去。

原本可以揪他們去騎車的，剛好又遇上大寒流出不了門，他們要在家宅整整一個月。每天玩手遊到凌晨，睡到下午兩、三點，我問他們想不想去打工賺零用錢？他們聽到後眼睛終於有了光。

安排了他們到學校去打工，跟著工友叔叔去做修繕和清潔的工作。掃了全校的樓梯、清掉停車場的積水、剪了樓頂比人高的草、清了蓄水池的汙泥和雜草，還用高壓清洗機洗了圓形廣場和中庭。

原本每天都睡到下午的兄弟倆，每天早上八點半準時出門，一定在上班時間九點以前到學校等工友叔叔，從來沒有遲到。回到家以後沒有一句抱怨，一直跟我說：「阿華叔叔像超人一樣，好厲害！」「我們兩個做兩小時的工作，他一個人大概半小時就做完了，超強的！」

我跟他們說：「阿華叔叔每天都在做這些事，當然有他的方法和技巧，你們要跟著好好學。」哥哥說：「有啊，我們照著他的方法，速度快多了！」

因為早起又勞動，擔心隔天會遲到，所以那兩個禮拜他們每天早早就睡覺，根本沒有力氣熬夜。

洗地板那天我去學校探班，在校園裡遇到每個同事，都跟我說：「妳兒子很棒耶！工作態度超認真的，叫他們休息都說不用！」「妳兒子很有禮貌耶！怎麼這麼帥脾氣又這麼好？」每個人都對他們兩個讚不絕口。原來他們在外面是這樣的呀！跟在家完全不一樣。

輔導老師說沒有遇過我這樣的媽媽，自己付鐘點費讓小孩去學校打掃，還一直說謝謝。

讓孩子發現問題，讓經驗豐富的師傅帶著他們，他們不僅學到了技巧，也體會工作的不容易，更能懂得欣賞努力工作的人。

能夠讓小孩學到這麼多，我付的不是薪水，是學費。

給孩子多一點動力

常常有媽媽對跟高中孩子相處感到很焦慮，高中生面對即將來臨的大學聯考，每天回到家卻打手遊玩到半夜，從來都沒有看到他在看書，只要提醒、限制，態度就會很差地跟父母起衝突。

我問那位媽媽：「您在高中時，就知道自己未來要做什麼嗎？」

我不是一個能從讀書考試得到成就感、找到生活目標的人，在高中時茫然又厭世。

高中的時候成績差，是學校的後段班，姐姐們成績好，都是全校前幾名，朝著台大、成大在努力。但我不是，我不知道自己能考上哪裡。老師面對後段班的教學也很無力，班級裡的讀書風氣非常差，每天都在背已經不存在的鐵路、戰爭和條約，算四分位差，說實話我當時真的不知道讀這些對我未來有什麼幫助？這輩子用得到嗎？我找不到任何努力的意義。

高二的時候，認識了大二的工程師。在大學聯考落榜以後，我不願意重考，但是後來很想跟工程師一起上大學，因此有了動力，我決定去補習班準備重考。每天清晨六點多出門，直到晚上十點才回家，只有星期天能放假和工程師見面，但工程師怕我考不上，一直要我去念書，我告訴他，星期一到星期六我都在念書，星期天只想休息呀！

外人只看到孩子不讀書自我放棄，其實小孩找不到生活的目標，不知道該為什麼努力是很挫敗絕望的。

因為了解這些感受，所以我兒子高職時每天早上五點四十五分出門去上學，回到家九點半，我完全不會去干涉他玩手遊的時間。我很了解一整天都在念書考試，回家很想放空，透過手遊的聲光效果紓壓。說實在話根本管不了，一百八十幾公分的暴躁青春少年，我能跟他說什麼道理？

打不過、說不了，就只能投其所好，提供資源讓他選擇。他找不到努力的動力，就提供得到獎學金的機會。當時他的成績超差，連國文都只有二十分，我跟他說：「我想要給你獎學金，你覺得要訂什麼標準呢？」他嚇了一跳，成績這麼差，還能有獎學金嗎？我說：「我還是希望你能考上大學，所以很想要給你獎學金鼓勵你。」

他說：「不可能考得上的！但是我們老師說週考只要維持在這個班的前十名就能考上公立大學，那我們就訂在前十名好嗎？」我說：「那就六到十名五百元，一到五名一千元。」從此以後，他為了每個禮拜能得到五百元，都維持在第六名左右。我沒有干涉過他的錢用在哪裡，既然是他的獎學金，他就有完全支配的權力。

讓他自己設定做得到的目標，提供心動的獎勵，提供學習的動力。他怕上課沒精神，每天十一點多就上床睡覺；他怕趕不上校車五點半自己設鬧鐘起床；他怕拿不到那個禮拜手遊加值的贊助，只好每天認真上課、完成作業。

到他高三的時候，透過模擬考成績，從他的落點找到了喜歡的科系，我們帶他去參觀學校，「你看，這個學校校園好大好美！」布告欄裡有社團的資訊、活動的海報，讓他對大學生活有了一些期待，接下來的時間更願意努力。

一定有人說用錢讓孩子讀書很糟糕，但何必管別人怎麼說？能讓一個想休學、拒學、對未來茫然的孩子願意努力、願意參加晚自習，最後考上大學，對我來說就是好方法。

過動的孩子讓他好好動，每節下課讓他去跑跑跳跳，卸掉過多的體力；在班級裡搗蛋的孩子想引起別人注意，那就給他表現的機會，擔任他能勝任的工作，找到他有完成的部分公開讚美他；偷竊的孩子沒有成就感，那就讓他累積點數得到想要的東西。只要透過努力得到想要的東西，那麼孩子的偏差行為或許就能改善。

不要只想著去限制、處罰、禁止，用適合的方式去滿足他們，給予孩子學習的動力。

放心不下的，就陪他一起

很多人問我，該不該讓孩子騎重機？感覺很危險。

我十七歲認識工程師的時候他就騎檔車，從最剛開始的追風、FZ，再到後來的NSR，我覺得他超帥，每天放學的時候他騎著重機在女中校門口等著，那時候追夢人很火，我都覺得我的白馬王子來了，要跟他亡命天涯去……

那時我們約定好，等長大有能力了，我們要一人騎一台FZ，帶著那大大的圓燈，一起去環島。這個願望一直沒有實現，結婚以後孩子一個一個出生，又忙又累。沒想到我真的自己騎上重機，已經是三十年後。

兒子在大二的時候跟我說他想騎重機，我想起工程師年輕時的帥氣，也知道這孩子的個性像我，如果我們不准他騎，他不會打消念頭，會去借車或是貸款買車，跟著別人騎車、改車，可能會衍生更多的問題。

所以我和工程師商量以後，買了兩台中古檔車給我和兒子，讓工程師一邊帶我們學，一邊提醒該注意的事，那個暑假只要有空，工程師就帶我們去練車、看日出。

暑假結束，兒子說要把車騎回學校，我和工程師很擔心，所以陪著他一起騎到台中，送他去開學我們再騎回家，來回十二小時超級疲累，我整整躺了兩天，但是看著兒子能熟練而且注意安全，終於放心。

我們陪他們騎到台中開學好幾次，期末我們從基隆出發，到花蓮繞過中橫去彰化陪他們騎回來，讓他們感受到父母的陪伴和關心。

那天一位媽媽說，孩子二十三歲了想騎重機，但是她覺得很危險。我跟媽媽說，騎重機跟普通的機車規則都一樣的，只是我們會覺得重機好像會騎得比較快，容易發生事情，但是會不會發生危險、會不會飆車，不是因為騎重機，而是因為騎乘的習慣和觀念。

所以，第一個帶著孩子騎車的人很重要。工程師帶著騎，跟兒子談的是該注意的安全事項，轉彎的時候、到了十字路口的時候該注意什麼，停車的時候要考慮什麼……他在彰化這麼遠我們根本管不了，他在外面跟別人學的可能是怎麼壓車、到哪裡飆車，這樣更讓我擔心。

考大型重機駕照時，弟弟遇到的駕訓班教練非常稱職，教他車倒了怎麼扶起來、臨時熄火怎麼辦、過彎的時候要注意什麼，一一說得清清楚楚，找到好的駕訓班也很重要。

也因為一起騎車，工程師和兒子們有更多共同的話題，兩個小孩常常打電話給工程師討論車子的煞車、輪胎的異音、日常的保養、哪一台車很帥……父子的距離拉近很多。

教不動、管不了、禁止不了的、擔心的、放心不下的，那我們就陪著教他正確的方法、正確的觀念，幫他找好的教練帶著學習，然後放心地讓孩子去體驗人生。

永遠支持妳

那幾天妹妹有點焦慮，拿到成績單時問我：「我這樣是不是考得很糟？英文和數學我真的都不會，分數好慘呀！」我一直安撫她，「我知道妳盡力了呀！沒關係的，考這樣很好了。」

看到排序表時她又焦慮了，「排第十二名（總共十八位同學），這樣能考得上嗎？」我說：「一定能上其中一個學校呀！妳放心，不管上哪個學校都很好的。」

我們討論起兩所學校的優缺點，在填志願時，我不想影響她的選擇，所以參觀學校時，我沒有請假帶她去，讓她跟著老師和同學一起去參觀。等到她回來，她告訴我這所學校的烘焙超強，但是交通不方便；那所學校主攻房務管理。

最後她自己做了選擇。

雖然當時有填志願表，但是下禮拜要依照分數現場填志願，必須看前面十一位同學填選的狀況才知道她能上哪個學校。

妹妹說：「我考這樣，『大機率』應該是會上第二志願吧。」我笑著問她：「什麼叫做大機率？」她說：「就是很有可能會上的意思呀！」這小孩常常在對話中冒出新的詞語，真是讓人驚喜。

我跟妹妹說：「妳放心，我們都努力準備了，家教課上了半年多，每個禮拜寫好幾份考古題。考試的時候，妳也很認真寫到最後一秒才交卷，操作也很認真做，有盡力就好了，考上哪個學校都沒關係，都是最棒的。」

妹妹說：「那如果真的沒有考上怎麼辦？」我說：「沒關係啊！也還有私立學校可以讀。」妹妹說：「可是私立很貴，妳付得起嗎？」真是個貼心的孩子，還會擔心媽媽付不起。

漫長的等待，讓她承受忐忑和焦慮。但我好想跟她說：「不管妳想去哪裡，我們都陪著妳。」

弟弟的電競冒險

小時候，爸爸常常對著打紅白機的電競說書人Vocal弟弟罵：「一直打電動，是要打到出國比賽嗎？」

爸爸可能是預言家，不斷地罵著，讓弟弟成了電競選手，妹妹成了賽車手，他們都專注在自己的興趣努力，真的都出國比賽了。

（謎之音：你想要孩子變成什麼，就不斷阻止他就對了，激起他的鬥志。）

弟弟從十八歲開始接觸電競以來，二〇〇四年拿到ＥＳＷＣ電子競技世界盃台灣區冠軍，成為家喻戶曉的電競戰神。退役後，他也從來沒有真正離開過電競世界。超過十五年的比賽經驗，讓他對電競產業非常了解，擔任電競比賽主播多年。

我最記得弟弟跟我說：「妳要設身處地想想，如果妳正在寫文章，有人一直打斷妳，一直叫妳吃飯，妳煩不煩？連線遊戲就是會有中離的問題，中間斷掉，就會輸掉整場比賽，影響的不只有他自己，是整個隊伍。」所以後來我們都會用預告的方式告訴兒子，我們十五分鐘後出門、六點半吃飯，用預告的方式讓他衡量時間夠不夠打下一場。用這個方法，減少了很多之前的衝突。

他也告訴我兒子：「要當電競主播也要多讀些書，肚子有東西，腦袋轉得快，說話才有人要聽。如果你說話都沒有邏輯，誰想聽你說話？而且學歷會影響你被錄用的機會、你的薪水。現在開始成績低空飛過就好，但一定要把高中和大學讀完，而且要把英文學好，這樣出國去比賽的時候才聽得懂別人說什麼。」

讓拒學的孩子自己心甘情願回到學校，兒子把心放在課業上以後，自己有了好勝心，根本不會甘於只有及格。一班有四十幾個孩子，他的成績都能維持在前十名。

我們鼓勵孩子，擁有喜好的同時也要兼顧學業，不需要二擇一。

弟弟打了幾十年的電競，因為遊戲介面只能用英文，又常常出去比賽面對外國人，所以他的英文能力極好。很令人驚訝的是，他竟然沒有近視，到現在視力還是一．二；他熱愛旅遊和攝影，也跟一般人想的打電競的人都是宅男完全相反。是不是顛覆了我們對電競的印象？

現在弟弟應各校的邀請到學校演講，讓孩子們更了解電競產業。

我很佩服他一直堅守著自己喜愛的工作，也常常看到他在各地拍攝的照片。真心希望兒子有一天也能像他一樣享受電競帶來的樂趣，放下手機去看看外面的美景。

Chapter 4

讚美，
讓彼此變成更好的人

以鼓勵代替責罵

約了資源班的家長討論ＩＥＰ，想起幾年前，那阿嬤穿著護腰，拉著欄杆，一步一步緩慢爬上長長的樓梯，終於到會議室的時候，手撐在門口喘了一會兒，才能坐下來跟我們說話。

阿嬤擔憂地說：「老師呀！每天回家，我檢查他的功課，都要訂正很久，字如果寫不整齊，我會擦掉要他重寫。」「他都不用功，一直看電視。」

我告訴阿嬤：「阿嬤，在家裡妳當阿嬤就好，老師留給我當啦！我來盯他！他字寫得不漂亮，是因為手的肌耐力不好，不是故意寫得醜，看得懂就好了啦，我覺得他寫得很不錯呀！」「而且到現在我教的他都會，只是寫得慢一點，能力有了，我們再慢慢加強。」「字寫不好隔天交來我會處理，妳看他有寫就好，就幫他在聯絡簿簽名。」

「他每天早上七點半到學校，上一整天的課，四點去安親班，七點多才回到家。阿嬤，他比我上班還累耶，我回到家也不想看書，只想放空休息呀！」

「如果他功課都寫完了，讓他看一下電視放輕鬆沒關係，小孩累了就算看書也看不進去。」

「已經有我和安親班老師幫忙，阿嬤不要太擔心，晚上回到家讓他吃飽飯，帶他去外面散散步聊聊天就好了！」

一個已經七十幾歲的阿嬤要帶小孫子真的很辛苦，總覺得要替已經不在的兒子照顧好孫子，卻不知道她的焦慮讓孩子和自己都承受不了。讓阿嬤學習放手、訓練這孩子獨立、自理，讓阿嬤可以好好跟孩子生活，是我那兩年最重要的工作。

孩子的午餐吃得慢，我問他為什麼？他說同學打菜時給他太多。我跟他約定好自己盛，盛能吃完的量，但是要在午休前吃完，把湯汁倒掉、擦好餐盤，擦完要拿來給我檢查。盯了一個月，他發現早一點吃完就能趁午休前看歷史漫畫，吃飯再也沒有超過時間。

功課寫得非常凌亂，我找他來把作業拿給他看，「你看得懂自己在寫什麼嗎？我看不懂啊，你明天的功課能不能寫整齊？如果能寫整齊，老師幫你每一行減一個字。」

隔天交來的作業真的寫得很好，我誇張地說：「哇！你可以寫得這麼整齊呀！我今天一定要給你一個這麼大的甲上！你下一課每一行都可以減兩個字，寫得太好了！」當著他的面在聯絡簿上寫：「今天的作業寫得真好！」

有一陣子，他吃飯時會發出作嘔的聲音，看到全班抬頭看他，他會露出很開心的笑容。我找他來說話，說兩句我就學他作嘔的聲音，再說兩句我又發出作嘔的聲音。我問他：「你聽到老師這樣的聲音有什麼感覺？」他說：「很噁心，會跟著想吐。」我說：「對呀！那你每天中午發出這樣的聲音，同學會不會覺得噁心？會想跟你一起吃飯嗎？你想想看為什麼會發出這樣的聲音？」他說：「吃太大口就會想吐。」我問他：「那你覺得要怎麼辦呢？」他說：「我吃小口一點。」才談一次，困擾我們的嘔吐聲就解決了。

有時候孩子只知道同學和老師不喜歡他，卻不知道哪些行為被討厭、要怎樣做別人才不會討厭他。要求和規定要伴隨及時的鼓勵，觀察孩子的行為，和他討論解決的方法，有改進就鼓勵。

責罰和怒罵會讓孩子對自己的評價低落，但是鼓勵和讚美可以讓孩子改變行為和人際關係。

每個孩子都希望自己被喜歡，陪伴孩子一起找出行為的問題，找出改變的方法，讓他從困難中走出來。

愛就是把飯吃光光

國、高中時期，媽媽在家裡工作，非常忙碌，為了工作的聯繫，家裡三支電話時常響個不停，有時還得一次左右手同時接電話，手忙腳亂的，她還能一邊煮飯，接完電話立刻衝回廚房。

還沒跟工程師交往前，我超乖的，每天放學直接回家，就在廚房幫忙，有時洗菜，有時媽媽衝去接電話，我就接手翻炒幾下，媽媽沒有時間教我做菜，但是在旁邊看久了，每一種食材的準備、料理的方式，我大概有一些概念，但是沒有特別研究，廚藝也不算好。

結婚後，很幸運的遇到工程師，這麼多年來從來沒有嫌棄過我煮的任何一道菜。有時煮太鹹，他會說：「這樣配飯剛剛好。」有時太淡，他又說：「這樣對身體好。」煮得太軟爛，他會說：「這樣入口即化，妹妹吃起來比較輕鬆。」煮得太硬，他說：「這樣比較有嚼勁。」話都是他在說，不管我煮什麼，他都能吆喝孩子們一起把菜吃光光。

煮飯真是累人的事，要買菜、整理冰箱、處理食材，夏天時站在瓦斯爐前揮汗如雨是折磨，冬天時洗菜、洗鍋碗瓢盆更是痛苦，如果這麼辛苦煮了飯，還要被東嫌西嫌，我絕對不會想要進廚房。還好遇到工程師不挑食，他在孩子小的時候也要他們不能隨意批評我煮的菜。

沒有成就感的事情誰想做？只有負面回饋的辛苦事沒有人要做。

因為工程師和孩子們的態度，讓我很想做他們喜歡吃的菜。我們家，牛小排丼飯大概排在第一名，簡單快速又受歡迎，只要有牛小排丼飯，煮四杯米都不夠吃。

買一盒無骨牛小排火鍋肉片，能做五餐牛小排丼飯。只要把冰箱裡現有的蔬菜全加進去，才花半個小時，一鍋到底、簡單快速，再煮個魚湯就能開飯了，小孩超捧場，吃得津津有味。不吃牛的人換成松阪豬或梅花豬火鍋肉片也是沒問題的。

每個孩子都是寶貝

那天我們班辦了一個特別的頒獎典禮。我很不喜歡在畢業典禮上說話，實在太沒用，每次只要畢業班導師致詞，拿著麥克風我就會哽咽到說不出話來，我喜歡在教室裡把心裡想說的話說完整。

拿出印好給每個孩子的獎狀，說著每個孩子的優點，讓大家猜猜獎狀的主人是誰？

每次上課都說冷笑話，讓全班笑到肚子痛的，還說老師很美麗的那個是誰呀？勇奪「冷面笑匠獎」。

全班的大姐大，只要需要幫忙時大家都會想到的，全班都很愛的，人緣超好的○○奪得「最佳人氣王」。

那個每次上課就睡著，俗稱睡美人，被叫起來會一直傻笑的○○，笑容超迷人的，得到「微微笑笑傾城獎」。

還有看很多書，每天在聯絡簿的小日記裡都跟我介紹這種魚、那種鳥的○○，每天看他的日記，我都快要變成動物專家了，他真的就是個「生物小博士」呀！

只要一放音樂就開始跳舞，全身都很動感的長樂舞王○○，得到「最吸睛舞王獎」！

一看到數學就頭痛，但是文章寫得超棒的、文筆超好的○○，得到「最佳文學創作獎」。

全班最有愛心、最有耐心，每節下課都主動教同學訂正作業的○○，得到「最佳小教授獎」。

每次幫我登記成績登記得很清楚、掃地很認真的○○，得到「最佳小幫手獎」。

最喜歡畫畫、喜歡做小東西，做得又仔細又精緻的〇〇，手工超巧妙的，得到「最佳妙手獎」。

熱力散發獎、潛力無窮獎、最可愛天使獎、最佳運動明星、最受歡迎獎等等……

每說一個孩子，全班都猜得好開心，大聲喊出他的名字。每個孩子都獨一無二，每個都是我的心肝寶貝。

得了獎當然要有獎品，每個上台領獎的孩子都得到一包星願米。

這輩子你們再也遇不到一個送米當畢業禮物的老師吧？你們一定忘不了我的吧！

不要只看孩子的缺點

我們學校會視需要，替特殊孩子和家長安排與心理師晤談。有一次家長沒來，心理師和特教老師找我去談話。心理師問我：「帶孩子時有沒有什麼困難？」

很多困難呀！雖然我一直在想辦法，還是會有無力無能的時候。

我說了很多狀況，像是聯絡簿常常會缺交，今天沒帶來我提醒他，隔天聯絡簿就會出現。心理師說：「妳的提醒他有聽進去耶！」我說這位同學的座位常像炸彈炸過一樣，所有東西都散亂一地，抽屜、書包全部都亂塞。心理師問：「那妳怎麼處理呢？」我說：「只要經過就會站在旁邊看著他收，其實他的脾氣很好，我請他收桌子、收書包，他都是當下立刻處理，從來不會給我臉色看或是發脾氣。」心理師說：「他能心平氣和的接受妳的每一個指令，而且確實去執行。」

我說：「不過有時候我沒有盯著，他還沒收完就跑出去跟同學玩了。」心理師說：「他有朋友了？他以前交友非常困難，聊天時同學都不知道他在說什麼，他現在有同學可以一起玩，實在太棒了！」

我說：「我們上課時，他時常會突然蹦出一句話。像是那天上課時有一個小孩一直看著我都不動筆，我問他：『你為什麼一直看著我？好看嗎？』那孩子悠悠地說：『只因妳太美～』鬧得全班哄堂大笑。」

心理師說：「聽妳這麼說我很訝異耶！這個小孩小一的時候是完全不跟別人互動，無法融入群體的。孩子在很安心的地方才能放下心防開玩笑，他能專心聽妳上課、能適時回應情境，他的社會化進步太多了。」

我說：「他常常忘了把作業帶回去，所以我請另一個孩子幫忙，在每天的最後一節課協助他一起整理書包，確認作業有放進書包裡，但是只要幫忙的孩子沒有去確認，他就會忘記帶功課回去。我的困擾是我們做很多事情來幫助這個孩子，卻無法讓他自己學習去執行這些動作，有時候覺得自己做的好像是無用的。」

心理師說：「我覺得妳做得超棒的，妳有發現他的困難，想辦法協助他解決，或許是時間不夠長，這樣的孩子要把習慣內建到腦袋裡需要滿長的時間，但是我有看到他能接受同學的協助。」

我為了他常缺交作業感到困擾，心理師竟然轉換為他有聽進我的指令；我常盯著他收拾桌子書包，心理師說他有心平氣和的接受指令並確實執行；他桌子書包沒有收完就跟同學一起玩耍，心理師開心他有朋友了，能跟同學正常互動了；他上課開玩笑讓全班哄堂大笑，心理師訝異他能融入群體，而且專注整個情境，還能有適時的正確回饋，孩子能在教室裡笑鬧，是安心的、是開心的。

帶特殊的孩子要花很多心力，有時候非常挫敗，為什麼做什麼都改變不了呢？怎麼一直重複同樣的問題呢？身在其中時無法看到孩子微小的變化，但是時間拉長來看，一個從小一就觀察孩子的心理師和特教老師，就能發現孩子明顯的進步！心理師告訴我：「妳做得很好，妳很用心！我看到的是孩子從一年級到現在的轉變，進步超多的。這個孩子持續在進步中，很值得為他努力和投資，我覺得每隔一段時間要有人來替你們翻譯孩子的行為反應，一起看看孩子的進步，也要來替你們現場這麼辛苦的老師加加油，我覺得你們做得非常好。」

聽心理師說完後，我回到教室，看到他一如既往的混亂，卻覺得他可愛極了。在教室裡面對每天處理不完的狀況，深陷其中時只能處理困境，但透過心理師和特教老師的角度，跳脫情境和情緒，才能發現原來自己的一切努力都是有意義的。

那一次的談話讓我對他的想法改變，對他也有更多的包容，我開始很認真地誇獎他，改變對他的態度和方法。只要沒有影響到別人的事，我就選擇性忽略，有做到的事我會公開誇獎他，徵求他同意以後，把他寫得很好的作文唸給大家聽，告訴他我看到他在社會課有舉手發言，上課很認真，他來交作業時也告訴他，他的小日記寫得很生動。

有很重要的事需要告訴家長的，我就直接傳訊息提醒家長；座位很亂，我一天會刻意經過他桌子一次，要他把地上的東西撿起來、把桌上的垃圾直接拿去丟掉、整理抽屜；每天最後一節請身邊的同學陪他一起檢查該帶回去的作業。

從六年級開始，大概發現我對他很友善，聯絡簿雖然還是沒有簽名，但是他每天都寫了小日記，作業都有按時交，還會主動訂正作業和考卷，成績也進步超多，該交的表格我訂在聯絡簿上再傳訊息請家長幫我簽名，從來沒有漏交。

到期末開ＩＥＰ，跟媽媽線上會議時，我跟媽媽說：

「您有沒有覺得他六年級進步很多？因為我有看到他的優點，小孩知道我喜歡他，該做的自己都會做好，能力都出來了。可是未來的老師有辦法每天處理這些生活上的事情後再欣賞他嗎？我想要請媽媽一定要幫忙他，每天看看他的聯絡簿，該簽名的、該交的一定要協助他完成，都讓他準時交。

「這幾天我才發現他不會綁鞋帶，小孩看起來聰明，我們都以為他自己會，但是他有很多這個年紀該會的都不會。綁鞋帶這件事，我才教他三次，他就能自己綁得很好，學習能力很好。媽媽趁這個暑假都讓他做做看，不會的都教教他。」

媽媽，不要讓老師只看到孩子的缺點，不要讓孩子被這些小事掩蓋了他的優點。我們在家裡，把他的生活能力訓練好，把該做的事情做好，讓老師能看到他的好，不需要把時間都花在責罰他。

他上課很認真，會主動舉手發言；他很幽默，會在大家開玩笑時也說句讓大家捧腹的笑話；他做事情很認真，教他整理的方法以後能做得很好；他的數學能力很好，文章中的成語用得很恰當，文筆很流暢。

不管是孩子、家長、老師還是夫妻，每一個角色都需要鼓勵和肯定。同一個身分能夠渡人也能讓人跌入深淵，我從心理師身上得到好多正向能量，引導我用另一個角度去賞識這個孩子、肯定自己的努力，也請家長協助孩子，讓以後的老師能夠賞識孩子。

陪她練習，直到她學會的那一天

平常上課日，妹妹都準時晚上九點半睡覺，星期五、六可以延後到十點半。每天晚上時間一到，她會把手機和平板都放在我的房間充電，提醒我十分鐘後要上樓幫她蓋被子、抱抱和關燈。

星期六晚上我跟她說：「我們明天會去看日出，大概八點多幫妳帶早餐回來好嗎？」她問我：「媽咪，妳明天早上出門前能不能幫我煮玉米濃湯，放電鍋裡保溫，這樣我起床就可以自己裝玉米濃湯來喝，不然等妳回來我太餓了。」

晚上十點，我和工程師特別累就睡著了，後來隱約聽到她進門來放手機和平板。

星期天早上，我和工程師去五分山看日出，還到瑞芳去吃了早餐才回家，一到家她問我：「媽咪，我昨天有倒了一杯溫水給妳，妳有喝嗎？我有把功課寫完了喔！」

這小孩前一天晚上看羽球賽看到十點半，上樓前，倒了一杯飼料給貓咪、把廚房的門關好以免貓咪跑進去作亂，把水壺放在瓦斯爐上加熱，倒了溫水給我，關了所有的燈，才自己上樓去睡覺。隔天早上自己起床，喝了玉米濃湯當早餐，還把功課寫完了。

她可以很依賴很撒嬌，也可以這麼獨立，甚至會想到要倒水給我、照顧我，安排好她隔天的早餐，該做的事情不用提醒就能做好。

她兩歲時，我們去台大照腦部斷層，確認她一輩子學習障礙，當時有多難過，現在就有多慶幸。

慶幸那時了解她的慢不是她的錯，更不是我能解決的。上國小到現在，我們沒有因為她的任何一張考卷責備過她一句，沒有擦過她任何一個字，她不需要面對一直重來的挫敗。帶著她學會照顧自己，知道她慢，一次又一次地帶著她練習，靜待她學會的那一天。

做錯了不用被責罰，就會勇於嘗試；不斷不斷地練習，養成她的耐性；不用分數評價，她就能從容不迫；在一個極度安心的環境中長大，她就能有安全感；把期待放到最低，她和我們隨時都在享受進步的成就感。

在我們身邊時享受嬌寵，也能在我們離開時獨立。

想想孩子以後會用到的能力，不需要為她天生的障礙愧疚，讓她安心的、從容的面對她的世界。

感謝不完美的孩子

妹妹的手冊到八月到期，必須重新鑑定，通常得提早半年開始進行。國小時，因為每三個月要拿一次藥，門診時間都是預約好的。上國中後不需要再吃藥，去看醫生得提前預約，但是醫生的診太難排了，根本掛不上，那天趁醫生有看診，趕緊帶著妹妹去加號。

妹妹問我為什麼要去找蔡醫生？我說：「妳的手冊到期了，需要重新鑑定。」她問：「為什麼要拿手冊？」我說：「妳之前不是沒辦法認字和寫字嗎？很難跟一般同學一起寫作業、考試對嗎？這個手冊就是要證明妳有一些困難，讓妳不用考試，可以讀現在的學校，四月可以考綜職科。」

我說：「今天去看醫生可能會等很久喔，我們是臨時去掛號的，要等所有人都看完了，才能輪到我們。」把看醫生的原因和可能會遇到的狀況跟她說明。

我們從九點掛號，一直等到十二點，這孩子沒有任何抱怨，靜靜地坐在旁邊看著影片。問她會不會餓？要不要去吃點東西？她說怕醫生突然叫她進去會錯過，除了上廁所以外沒有離開過座位。

候診的時候，妹妹遇到一位學長，妹妹小聲地說：「學長生病很嚴重，畢業以後可能沒有繼續讀書了。」

她說：「媽咪，我覺得我好幸運，我很健康，還可以去上學。」

聽到她這樣說，我眼淚都快掉下來了。陪著她一路這麼辛苦的復健、就醫、求學，她竟然說她很幸運。

終於輪到我們看診，評估最快要排到六月了，七月回診，八月才能拿到手冊。醫生說我時間抓得真好，剛剛好接上舊的手冊。

回到家已經快一點，我們吃了午餐，她睡了一覺起來，拿了三個貓罐頭輕鬆開啟，我說：「妳現在很會開罐頭耶！」她說：「對啊！我好厲害，剛開始還要用湯匙輔助，現在都不用了，直接就可以拉開耶！」

我們總是讓她做比現有能力難一點點的工作，在她遇到困難時陪她找方法解決問題，讓她有挑戰性、擔負我們生活中重要的工作讓她累積成就感，靜心地等待她摸索和練習，最後跟她一起享受成功的喜悅。

妹妹很膽小，卻總是鼓起勇氣嘗試新事物，總是遇到困難，卻從不抱怨，能力薄弱卻耐心練習，被身邊的人寵愛卻總是感恩每個人，沒有分數卻總是覺得自己很厲害。

感謝這個不完美的孩子，來到不完美的我的生命裡。

在孩子的進步中驚喜

常常有人問我，怎麼能接受妹妹的障礙？我記得曾經看過一本書，是一位自閉症孩子的媽媽寫的，大概的意思是說孩子不是一夕之間變成自閉症的，而我們則在日夜生活中，一點一滴的相處著，與孩子和他的自閉症共存著，適應這孩子跟其他孩子不一樣的特質。

妹妹讓我最難適應的，大概是「慢」，學什麼都很慢，這讓急性子的我很痛苦。還好在她兩歲的時候照了腦部斷層，發現她的腦部灰質缺少，會有嚴重的學習障礙，才知道這不是努力就能改善的，所以發現她無法識字、寫字後，我們就放棄了每天追著她認字，放棄她的成績，這才能讓她用自己的方式去整合她吸收到的資訊，滿足所有她想學的、想懂的。

所以長這麼大，她沒有因為學不會受到我們一點責難，即使學習障礙嚴重，還是有很強的學習動力。

她的新手錶是二十四小時制，我問她：「妳看得懂是幾點嗎？」她說：「我看得懂啊！」我問：「妳知道二十一點是幾點嗎？」她說：「晚上九點。」我和工程師都很驚訝。「妳怎麼算的？」她說：「就8+1=9呀！」這什麼邏輯？「那十九點是幾點？」她說：「七點，6+1=7。」「那6是哪裡來的？」她說：「我也不知道。」說完，很得意地說：「我很厲害吧！哈哈哈哈！」對自己超有自信。

真考倒我們了，測試了很多遍，十五點、十八點、二十三點……這小孩都能正確無誤地算出來，但是她的算法真的讓人無法理解，到底是怎麼算的呢？

不需要懂她的邏輯，我們只需要跟她一起開心。

昨天晚上我們出去幫她買蛋糕，她自己留在家裡寫作業，她說她不會寫，要我回家後再教她。我說：「這造句我們練習很多次了呀！妳不會寫的字就用手機查，問google就好了。先試試看，不會的回來我再幫忙。」她說：「對吼！可以用手機查字。」

回到家以後就看到她的作業。她寫妙妙要去台中果菜市場買菜，要跑好遠啊！她很愛吃糖葫蘆，所以寫了自己晚上去廟口吃了美味的糖葫蘆。說了很多次很想去日本看雪、去澎湖看煙火，都寫在她的作業裡了。

她說：「我很厲害都會寫耶！寫得很棒吧！」

生養這個孩子真的不容易，小時候為了她的身體狀況和各項能力帶著她到各醫院診所去看診做復健，真是疲於奔命，但是現在每天都在她的進步中驚喜，在她幽默和高ＥＱ的對話中感到欣慰，在她的樂觀和善良中找到平靜。

妳的願望，媽媽會想辦法帶妳實現，帶妳去夜市吃糖葫蘆、去澎湖看煙火、去日本看雪。妳想要做的事，我們一起完成。

我們彼此就是上天最好的安排

晚上接了妹妹後，我們直接去了廟口，工程師停在另一頭的出口等我們，帶著她走沒多久就看到糖葫蘆的攤位。她立刻跳了起來，「找到了，我好幸運喔，今天真的有糖葫蘆耶！」

讓她自己跟老闆點餐付錢，她選了一串草莓、一串番茄蜜餞，付了七十五元，把我要的番茄蜜餞給我，問我：「媽咪，我也可以品嘗一下妳的糖葫蘆嗎？」

她說：「我以為草莓的是最好吃的，結果番茄蜜餞也不錯耶！真好吃！媽咪，這次生日我好開心，收到好多禮物，想要的爸爸都買了，今天還吃了糖葫蘆。」

我們其實也不知道她的未來是什麼，只是盡力減少她的困難，陪著她做讓她感到開心的事，滿足她每一個小小的願望，帶她品嘗想吃的東西、探索好奇的事物。

上次接受一個訪談，主持人問我：「妳曾經說過想往行政發展，當主任、當校長，卻因為妹妹轉換跑道，妳有後悔過嗎？」

在生妹妹之前，我已經拿到了主任資格，當年的校長要我想想要選學務還是輔導主任。生了妹妹後，人生的道路截然不同。

不管哪個職務，總有人比我更適合那個位置，我這脾氣做主管一定讓自己和同事難受，但是我當妹妹的媽媽卻當得好極了，這不服輸的個性讓我帶著她早療六年、體操八年，補足了所有自理能力。暴躁的脾氣陪著她奮戰所有欺負她的人，從不畏懼。不鄉愿的態度為她的權益據理力爭，還很有眼光地挑了有能力的工程師當她的爸爸。

何其有幸能生長在我們家，受我們的照顧和疼愛，我們彼此就是上天最好的安排。等工程師的獎金發下來，我們去看雪、看煙火，陪妳走人生的每一步。

沒有努力是白費的

上一次演講時，有一位媽媽問我，到底要復健到什麼時候，才能看到孩子進步？

妹妹四歲的時候，我替她報名了體操課，剛開始的幾個月，每次上課幾乎都在發抖、哭泣，但是她都默默流著眼淚認命地踏進教室，跟著教練的帶領完成動作。四歲的時候上三歲的班，五歲的時候上四歲的班，都降齡入班。到十二歲時結束上了八年的體操課，參加過唯一一場比賽，每一項成績都是全場兩百多個孩子的最後一名。

剛入學時無法仿寫，我上網找了華語生字簿這個軟體，把需要的字詞輸入進去以後轉換成虛線體，再一個字一個字排版成作業簿大小、列印、黏貼在她的作業簿上，我花了兩個小時，她花一個小時描繪虛線體，這才能完成跟別人一樣的作業。終於寫完以後，她看不懂自己寫的任何一個字。

幫她用點讀筆把課本變成有聲書，陪她看著課本點讀課文，每天重複地聽，到六年級時能認得的字還是寥寥無幾。

說實話，在帶她的這十幾年當中，做很多的努力當下都覺得是做白工，超挫敗的，用盡各種方法她就是學不會，花再多的時間、再多的方法勉強把作業交出去，但是她卻從來不知道自己在寫什麼。

如果把練體操八年用比賽成績來評分，是零分，但是當年中度肢體障礙的她現在可以跑跳、行動無礙，還可以參加學校的大隊接力，花的學費、時間和精力，是不是很值得？

如果把點讀課文、描寫虛線體、上資源班的國語課用國語月考成績來評分，是零分，但是中度語言障礙的她現在可以對答如流、跟我解釋詞語的意義，可以唸出路邊的招牌、用語音輸入在網路上搜尋她想要的網頁，說話也說得清楚極了。

如果這些年的努力都用分數來評量，全部都是做白工，但是如果卸除掉分數，把所有努力的目標放在累積能力和經驗、讓她能好好生活上，我們應該得到滿分。

一般孩子的成長像是不斷面對短距離競賽，一關接著一關，早療復健卻是長到看不到終點的馬拉松，但是終有一天能看到孩子的進步。

沒有任何努力會是白費的，慢飛天使的進步要把眼光放遠來看，需要長時間的累積。

能夠讓妹妹有好好生活的能力，是我這輩子最大的成就。

Chapter 5

愛到最深
是放手

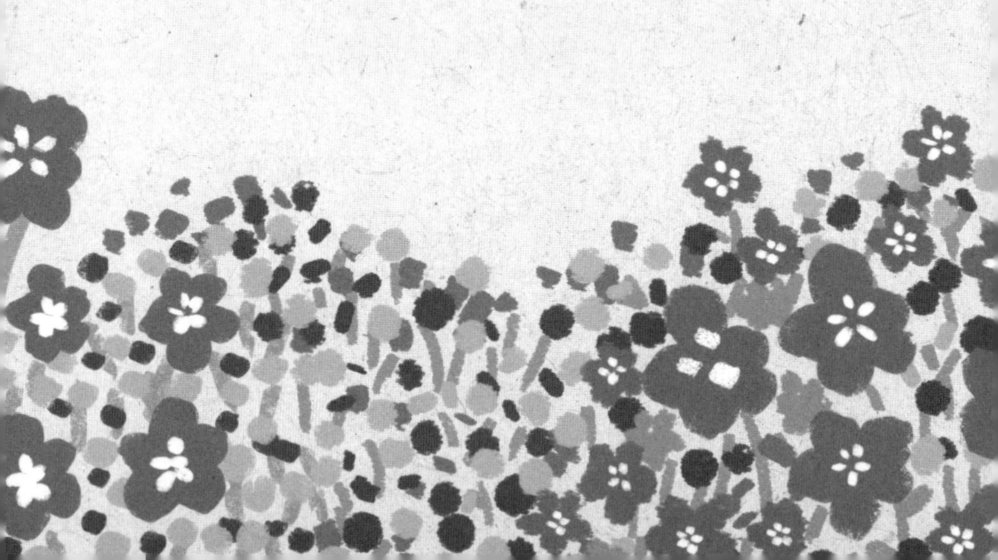

人生就是無數挫折的累積

每次去演講，總有人會跟我說：「妳跟我看過的特殊孩子的媽媽不太一樣，妳把自己照顧得很好，看起來很開心。」

哈！我應該看起來很愁苦嗎？

妹妹小時候，我是真的又忙又苦，為了改善她的全面性遲緩，跑遍基隆、台北各大醫院，做檢查、開刀、復健，每天就是工作、醫院和家庭轉個不停。

人在茫然時，就連我這種不信鬼神的人，也只能去求神問卜。

遇到很多騙錢的神棍，有說妹妹背後跟著很多鬼，要我拿十五萬來祭改的，也有說她和我的前世今生怎樣怎樣，我是來還債的。直到遇到一位師父，我們一踏進去，怕生的妹妹竟然對著師父笑，還雙手張開想要師父抱。師父說：

「那些說妹妹背後有鬼，要妳付錢做什麼的都是騙人的，哪裡有什麼鬼？」他輕聲跟我說：「這個孩子會慢慢地越來越好，急不來。妳要放輕鬆，妳緊張，孩子就開始焦慮不安學不會，妳放鬆，她就會有自己的進度學習。妳很重要，這個家很需要妳，妳開心，小孩就開心，全家就開心。」

一語驚醒夢中人！我那陣子完全無法顧及兩個兒子和工程師的感受，一味沉溺在自己的悲傷和無助之中，整個家都是沉重的低氣壓，沒有一絲笑聲，回到家大家各自躲進房間裡，生怕觸怒我這個一碰到就爆發的地雷，更別說年紀還小的兩個哥哥需要我陪伴，我根本耗盡心力、分身乏術。

我開始放下悲傷的情緒，放棄所有期待，重新整理復健的時間和內容，沒有太多幫助的就取消，留下必要的，多留一點時間給自己。她所有的考卷都以零分為標準，多一分就是賺到。

妹妹入學後，我不只失去了所有好朋友，也對工作十幾年的環境完全失去信任，有一段時間，我很想離開人世，覺得長久的努力沒有意義，說真的，那時候好期待生命可以結束。

走不了，我退出所有群組，不想再經營任何一段沒有必要的人際關係，不想聽八卦，也不想成為八卦的主角，不想跟任何人討論妹妹的狀況；每天穿著迷你裙和高跟鞋去上班，不為什麼，只為自己看了高興；買了想了一輩子的車，每天要開車時都很開心，我才不想因為忌諱別人的眼光而放棄實現夢想的機會；對著惡意對待孩子的大人、哥哥第一所高中惡劣的老師，我不再隱忍，所有的不滿直接反映怒吼；對著擔心我光芒畢露努力打壓的上司，回饋的方式就是出盡鋒頭讓他不看見我也難，盡力去學校宣導融合教育的重要。

加在我身上的批判很多，多到都能整理成經典語錄出一本書。

有很多人說我很勇敢，怎麼能不在乎別人的眼光和批評？事實上，如果連死都不怕，連離開學校的工作都不在乎，那些閒言閒語，那些對我的生活沒有任何意義的人說了什麼就一點也不重要，經歷這麼多，我還會把一個路過的酸民放在眼裡嗎？

一個重情的人，成了現在寡淡的樣子。

人生就是無數挫折的累積，每件事的發生、每個人的出現，都有它安排好的意義。

看看我，現在過得多好、多自在、多幸福。我把自己和家人照顧得多好，看看妹妹，那個全身肌肉張力不足的孩子，現在長得多好，她甚至還會認字了。

幫自己的生活斷捨離，篩選留在身邊的人；退出所有八卦群組，不要把時間放在討論任何人的私事上；把所有時間和精神放在最愛我的人身上，努力照顧好自己和我愛的人。所有的努力不為討好任何人，只為讓自己開心，只為完成心裡的那個目標。然後勇者，就能無懼。

等待一個契機

八年前，出了第一本書。小時候常常幻想自己長大後能做什麼，從來沒想過自己能出書。

我從小就平庸，成績不太好，又高又胖又壯的身材常常被拿來開玩笑，隔壁阿伯都說我是吃歐羅肥長大的。

沒什麼朋友，雖然打球卻打不出成績來，喜歡的男生都喜歡別人。

我的文科差，只喜歡算數學，國中時拿數學題目問男同學，他卻說：「妳姐姐成績那麼好，每次都拿金梅獎（每一科都九十分以上），妳連這個都不會算，不覺得丟臉嗎？」

國中聯考結束，吊車尾考上女中，媽媽好驚訝，說她已經有心理準備，我應該考不上。

姐姐、妹妹都在女中光明的前段班，我卻在門口就是水溝的地下教室待了三年，不懂為什麼要背從北京到廣州得坐哪條火車，我又不去；為什麼要算五分位差、三角函數？這些生活上用得到嗎？不想讀書，高二還交了男朋友，每天渾渾噩噩，過得好懷疑人生。

最慘的就是大學聯考落榜，姐姐們考上台大、成大，我竟然連私立大學都沒考上，國文成績還沒有低標，真是絕望到了極點。

我想最關鍵的就是大學落榜的時候我堅決不重考，才高中畢業什麼都不會，找到在運動用品店當店員兼顧門口的檳榔攤。

有一天替一個滿口髒話的大學生試穿鞋子，突然覺得這樣的人都能讀大學，我怎麼不能？賣檳榔時被色司機虧了幾句，那一刻含著眼淚好想回學校去讀書，這才毅然決然辭掉工作，開始八個月的重考，考上花蓮師範學院。

有時候人生就是在等待一個契機，一個敲醒自己的人，重重的打擊後覺醒，才能下定決心重新設立目標，為自己努力。

從小詩詞背不起來，沒辦法引經據典，每次的作文成績都很差，但是畢業後的文章不需要被紅筆又圈又畫的批改，我發現寫作好像也沒那麼難，原來書寫是一件非常紓壓的事，說不出口的、沒有人可以傾訴的感受都可以透過文字來抒發和記錄。

尤其是妹妹出生後，陪伴她就醫、復健，從老師的身分變成特殊孩子的媽媽，陪伴妹妹成長的辛苦，我在身旁體會的人情冷暖、決裂的朋友、不被理解的愁苦、被上司引經據典奚落的羞愧和憤怒，兒子休學、拒學、轉學，面對別人批評：「妳自己當老師，連自己的孩子都教不好！」當媽媽當得好絕望，全部化作一篇又一篇千字文，每天凌晨的書寫，就像是一個無言的朋友，默默地陪伴著療癒我的哀愁、分享我的喜樂。

讀書的時候，想到寫作文就覺得天要塌下來了，現在卻沒有一天能離開書寫，每天寫每天練，一篇文章自己要讀過十幾遍修改再修改，就算國文低標的平庸魯蛇也能寫出一篇又一篇的文章，都快五十歲了還能出書。

我是魯蛇翻轉命運的最佳代表！人生還沒到頭就有希望，我們都別太擔心現在徬徨找不到方向的孩子，或許他只是在等待一個契機、一個貴人，一個讓他下定決心的關鍵。

適時的放手，是必要的

有一年，五年級帶了一個孩子，所有的作業都要父母陪著做，數學要等爸爸下班回家教，國語作業要媽媽唸著讓他寫，圖畫一定要爺爺先畫草稿他才能著色。一個五年級的大男生，才站在我面前就會紅眼眶，說一句問一句就哭了。

我要求他和同學一樣在教室完成作文，一放學媽媽就來電怒罵要我別給孩子這麼大的壓力，說孩子因為在學校寫作文，回家吃不下點心。電話中對我滿滿的質疑和責備，抱怨我對孩子太嚴厲，要我讓孩子把作文帶回家，溝通後媽媽沒辦法接受我的想法。

我堅定的跟媽媽說：「我會盡量訓練他獨立，作業就是要自己完成，自己完成的作業不管做得怎樣都很好。這個孩子不是沒有能力，但是當所有作業都需要大人幫忙時，他就會覺得自己什麼都不會，完全沒有自信，所以妳會發現遇到一點小事他就掉眼淚，現在高年級這樣的狀況如果不改善，就會持續到國中。」幾次的通話都很不開心地結束。

雖然跟媽媽不開心，但我還是希望他盡量在學校完成數學作業，我陪著他訂正，一題一題教，每個禮拜在學校完成一篇作文，上課的時候注意他有沒有跟上，課堂上的習題有沒有寫完？勞作請身邊的同學帶著完成……在他身上花了很多時間和耐性。

慢慢的，孩子帶回去的國語作業，不再交出完美的標準答案，我陪著他把錯誤的題目訂正好。作文可以在兩堂課內完成，從兩頁的數學沒有一題對，一邊掉眼淚一邊訂正，到後來只有零星幾題有錯誤，本來連早自習和午休都得陪他寫錯誤百出的習題，到五年級下學期他可以去球隊運動，用零星的時間完成作業。

從來沒有處罰過任何一個錯誤，只是陪著他訂正，聯絡簿上我不告狀，只寫上：「他今天打掃工作做得很好！」「美勞作品做得很漂亮！」「今天有忍住沒有掉眼淚了！」

六年級開學的班親會，他的媽媽竟然第一個到，我心裡還在想，這媽媽要來跟我吵架嗎？沒想到媽媽紅著眼眶當面跟我說：「謝謝妳，孩子真的進步很多。」我很清楚當時的媽媽一定很捨不得孩子掉眼淚，也很氣我那麼嚴格，但是有感受到孩子的成長和獨立。

最大的改變應該是作文不需要她唸一句、孩子寫一句，數學題目不用爸爸幫忙列式，他就能自己思考。

我看作業就知道，這媽媽一定很焦慮，每天都要花很多時間陪孩子完成作業，想盡辦法讓他完美無誤，高年級的作業有很多不是家長可以理解的，媽媽陪得很辛苦。只要作業帶回家，這依賴的孩子就會等著爸爸媽媽告訴他怎麼寫。

到六年級，他的作業都能回家自己完成，隔天有錯的自己訂正，孩子的能力終於展現。

訓練依賴的孩子獨立，是一個痛苦的過程，但是適時的放手讓孩子自己面對困難，是必要的。

我告訴媽媽：「謝謝妳的體諒，孩子的進步我們都看得見。」家庭教育很重要，我很感謝這些年忍耐我的壞脾氣、承受我給的壓力，還願意跟我合作陪伴孩子的家長。

或許，媽媽也在等待一個讓孩子獨立的契機。

讓家長看見孩子的改變

大概是因為我的文章，很多人對我有誤解，覺得我很厲害，覺得我很溫柔有耐性。

其實我是一個很好勝的運動員，脾氣非常急躁沒有耐心，身材高大又壯碩，聲音粗啞又大聲，怎麼可能溫柔？我很少處罰孩子，但是不怕我的很少。

五年級上學期是建立常規最重要的關鍵，孩子們跟我不熟，又因為外表看起來兇惡，剛開學幾個月小孩最怕我，這個時候要把每一項常規盯得很緊，建立制度，像是不能遲到、要準時交作業、要去任何團隊前要先來告訴我、午休前要吃完飯、要把菜吃完、要把碗擦乾淨……每一個細節都很要求，沒有做好的孩子，會到我跟前面對我，說說解決的方法。

五年級上學期第一次班親會，跟家長們碰面，我都會跟家長說：「拜託你們忍耐我三個月，這三個月小孩正在調整常規和態度，一定會有怨言，如果覺得我做得不好，請直接跟我聯絡溝通，打電話罵我都可以，但是千萬不要跟孩子一起罵我，這樣會讓孩子覺得我們對立，就不願意遵守班上的規定。」

尤其是特殊孩子的家長，遇到我的時候壓力會很大，高年級要銜接國中，需要一些準備，面對改變不管是大人還是孩子都會焦慮。

像是有一年，遇到一位隔代教養的阿嬤，孩子非常嬌小又沒有父母，從小體弱多病，阿嬤每次跟我談到小孩，都捨不得地掉眼淚，「他就這麼小那麼可憐，我怎麼罵得下去。」我跟阿嬤說：「對呀！每次他都露出很天真的笑容，超可愛的，我也捨不得罵他。」

「可是阿嬤，上國中以後，老師和同學還會覺得他可愛嗎？吃飯吃到兩點會沒辦法跟同學去上課、遲到缺交功課、功課寫得亂七八糟……身材又這麼嬌小，他這樣去國中應該會被霸凌吧？」我說：「阿嬤，學校的妳都放心交給我，我來帶他，回家以後妳幫我多鼓勵他、誇獎他。」

調整很多方法，改善很多生活習慣，像是要求他準時上學，遲到時我找他來，他說睡過頭，我問他：「那要怎樣才不會睡過頭？」他說可以調鬧鐘、前一天早一點睡，說了很多方法，還寫在聯絡簿上，只要遲到就抓來問問，才沒幾次就再也沒有遲到過了。

他的食量小，同學打的菜吃不完，他總覺得同學給他的特別多，一直嫌菜多就吃超慢。我讓他自己打菜，其實他打的量跟同學打的差不多，卻很認真地把飯吃完，終於在午休前吃完午餐、把餐盒擦乾淨後收進餐袋，阿嬤說上國小後每天都提臭酸的餐袋回家，上高年級終於學會擦餐盤了。

阿嬤的眼睛不好，孩子常常一件外套穿兩個禮拜還沒有清洗，衣服上布滿污漬，趁學生去上科任課時，我把他留下來，讓他低頭看看自己的衣服，提醒他衣服髒了要替換，拿鏡子給他看看臉上的口水印、眼角的眼屎，讓他呼一口氣聞聞沒有刷牙的臭味。我問他：「如果老師每天穿髒衣服、沒有洗臉刷牙，你看到會有什麼感覺？所以我們每天出門前都要先把自己整理好才可以來上學。」

功課寫得凌亂，我請他來唸作業上的字，他自己都很難辨識自己前一天寫的字。我問他：「你自己都看不懂，老師會看得懂嗎？你現在寫一個字給我看看。哇，能寫得這麼漂亮整齊！今天的回家功課如果你可以寫這麼整齊，每一行都能少寫兩個字！」

最主要的是跟阿嬤的溝通，我從來不會在聯絡簿上數落孩子，所有要求都在教室完成，聯絡簿上只寫：「××超棒的！今天準時來上學了！」「××很認真，有把餐盤擦乾淨！」「功課寫得很整齊！今天衣服很乾淨！」「上科任課的時候有認真！」

把孩子有做到的改變全寫在聯絡簿上，阿嬤就能清楚看見孩子的改變，還會加倍誇獎他。

我不處罰孩子，沒有加倍的罰寫，寫得好就能少寫幾行，一定讓小孩下課，沒寫完的、需要訂正的，都會趁早自習和午休，大家都在看書時抓來旁邊看著寫。

孩子有犯錯的時候，我不寫聯絡簿告狀，請孩子把每天的日記改成反省日記，自己把前因後果寫清楚，這樣家長知道孩子有犯錯、老師有處理、小孩有反省改進，我們的目的達到就好。

如果有需要用LINE提醒家長，我會寫：「××媽媽，麻煩您幫我提醒××要記得帶回條喔！我怕他又忘記了，請他明天記得帶來嘿！謝謝您。」「××今天超棒的！幫忙把作業收得很整齊，媽媽再幫我誇獎他有負責任，謝謝您呀！」

家長看到孩子的改變、老師的誇獎，又不用每天看紅字接收老師的憤怒和抱怨，知道老師是真心為孩子好，家長就不會因為一些摩擦投訴。

不管是聯絡簿還是LINE都是聯繫溝通用的，口氣好一點，親師就不會對立。

身分不一樣，想的重點會完全不一樣，之前有網友說我都在討好家長，兒子小時候我也天天看到LINE上面的數落、聯絡簿上的紅字，很清楚上一整天的班，回家後看到孩子在教室的錯誤那種無力。

如果這樣的做法是討好，那就是吧！我只是不喜歡處理親師糾紛，平時的關係如果能維持好，我就能把所有精力放在學生身上。

如果不管怎麼做都有人批評，那就專注做自己覺得對的事，不用活在別人的眼光裡，不要死在別人的嘴巴裡。

好好照顧你自己

十幾年前買新房子時，因為幾乎所有的積蓄都拿去當頭期款了，沒有太多錢可以裝潢，我們沒有找設計師，只找一位木工朋友花三十五萬做了必要的櫃子、線板，裝了冷氣，整棟七十幾坪的房子只花了五十幾萬就搬進去了。其他的都可以簡單，但是我堅持要留五萬元裝洗碗機，搬家了也要把洗碗機帶走，就這樣用了十幾年，對我來說，洗碗機就像洗衣機一樣重要。

小時候家裡有八個人，我們五個女孩要輪流做家事，洗衣服、曬衣服、洗碗、餵狗、餵猴子（對，就是餵猴子）。因為家裡人多，每一餐都有好多鍋碗瓢盆，吃完飯以後大家都在吃水果，洗碗的人就要在廚房洗很久很久的碗。

家裡做生意，每逢假日和過年過節，就會有很多人到家裡來吃飯、唱歌，我最怕過年那個禮拜輪到我洗碗，客人一輪又一輪，有些吃了午餐、晚餐還不走，繼續吃宵夜。洗碗的水超冰，有永遠洗不完的碗，還有些喝醉的叔伯會來虧兩句，其實當時還是小孩的我，看到那些叔伯心裡都會想著：「快滾快滾！」

這些都是小時候讓我很討厭的回憶，不懂為什麼常常得在家裡請客。長大當了媽媽才知道，只要有客人，媽媽就得一直煮一直煮，洗不完的菜、切不完的水果、炒不完的菜。光是煮菜的過程要洗的東西就超多，最累的就是媽媽。我們幫的忙只是其中超小的部分，沒有錢可以請客戶和朋友到外面飯店去吃飯，在家裡請客是最省錢、最沒辦法的辦法。

所以一有自己的房子，我第一個想要裝的就是洗碗機，並在廚房接上熱水，很希望吃完飯以後大家都能坐下來一起吃水果聊天，而不是一個人站在廚房洗塞滿整個流理台的碗盤。

有一個朋友來家裡吃飯，看到我裝洗碗機，很羨慕的問了家人能不能也裝一台？結果小孩告訴她：「一家才四個人總共有幾個碗？哪需要裝洗碗機？」

很多人都覺得沒幾個碗，但是誰洗呢？

每一件零瑣的家事都要花時間去做，掃地用一點、洗碗用一點、煮飯用一點、罵小孩用一點、吸地板、洗衣服……每一項事情花的時間都不多，但是全部累積起來就讓人沒有時間喘息。當然可以分工合作，家裡的人每個人做一點，但是洗碗機是真的很方便，煮完吃完只要丟進洗碗機，就能用熱水洗得乾乾淨淨，還能烘乾。

有很多人覺得要訓練孩子做家事，其實可以叫孩子做的家事很多，不用一定糾結在洗碗上，對我來說，在兒子們國、高中時讓機器做不用看他們的臉色，不用嫌他們拖拖拉拉、不甘不願、叫不動，還洗得乾乾淨淨，多好！

想想生活中讓你疲累不開心的事情，列為重點處理掉。

對政客厭煩，就不要看政論節目；對流言蜚語厭煩，就不要加入八卦群組；看老公厭煩，就改善關係讓他變得「可口」。

生活中不開心的事，面對它、改變它、解決它，不要每天為了同一件事情生氣，把時間用在更值得的、開心的人事物上面。

為家庭努力付出的同時，也要疼惜自己，要把自己照顧好，我們才有好的心情和能量來照顧身邊重要的人。

只問自己對他夠不夠好

那天直播的時候，有人問我怎麼跟工程師相處，為什麼感情這麼好？

年輕的時候，為了三個孩子，生活疲累，帶妹妹去復健、接送孩子上下學。房貸、生活費、保母費、復健課程費用、水電瓦斯……為了這些錢煩惱的時候，真的沒辦法顧及感情，每天只想趕快把事情做完，好好睡一覺。

我習慣早起，晚上陪妹妹九點就睡了，他下班晚，每天都到凌晨才要休息，我們兩個就像平行線，雖然躺在一張床上，但是幾乎沒有兩個人都清醒的時候，更別說互動。

婚姻生活的忙碌、經濟的壓力、教養孩子的摩擦、對妹妹的擔憂……真的會把愛情磨光光。

其實有好幾年我一直在想，到底為什麼結婚生孩子？如果單身會不會比較快樂？

直到幾年前小孩不打球了，妹妹不用復健了，經濟壓力沒那麼大，我們換了大房子，人的心胸整個都開闊了起來。

我認真的思考我們相處的模式，我想維持這樣冷漠一輩子嗎？

假日時，哥哥們長大都不跟了，我就約他帶著妹妹到處走走，去追日出、看夕陽，揪他一起去送物資、跑那瑪夏、跑花蓮、台東，跟他分享我和輔導老師幫助孩子的瑣事、聊聊出書的進度和困難、去演講時的感動和收穫……讓他知道我在忙些什麼。

我是刻意跟他親近的，走路時去牽他的手、出門前擁抱吻別，每天等他下班回家替他準備晚餐，晚上睡覺時一定要緊緊擁抱，有時會像年輕時那樣打鬧，直到累了才願意乖乖睡覺。

我不知道別的男人要怎樣相處，我知道我家工程師，只要跟他親近、對他好，他就會加倍對我們好。第一次出門時要求吻別很尷尬，持續幾天他就習慣了，晚上睡覺時擁抱覺得彆扭，多試幾次就會愛上那種溫暖的感覺。

每個人都需要鼓勵，男人也是，常常在文章裡放閃，他知道他對我的好，我有深刻感動，他做的每一個體貼我都放在心上，也把他年輕時對我的愛戀喚醒，記得我們曾經這麼相愛過。

只要兩個人有愛，什麼時候重新開始都來得及。在他面前，回到十七歲的時候那個深愛著他的少女，隨時給他一個擁抱和親吻。有時候我也會跟他計較為什麼都是我主動示好？為什麼要從我開始？但要等這個男人主動，可能要等到我都老了，我不想孤單這麼久呀！

婚姻裡沒有輸贏，只有兩個相愛的人，不問他對我好不好，先問自己對他夠不夠好。

當我們把對方放在心上疼著的時候，我在他的眼裡看到自己。沒有不用付出的感情，沒有不用經營的婚姻，我對他好，他就會對我好。

在最絕望時沒有往下跳

有人忿忿不平地問我：「為什麼都是媽媽犧牲？媽媽不能有自己的人生嗎？」

有一次接受一個專訪，主持人問我：「妳的人生，因為妹妹有沒有不同？」

大概是那種把準備了很久，規劃一輩子的人生計畫刪除，順著沒有路標的地圖，轉了一個很大的彎。

在她出生前，我汲汲營營的想要往行政發展，當組長十幾年，每一次的評鑑都是特優，拿了主任資格，我以為自己會當上主任，過幾年要去考校長。沒想到在校長問我想當哪個處室主任的那一年懷了妹妹，身體狀況極差，一直有流產的跡象，最後還好胎保了下來。

她出生後，因為全面性遲緩和全身肌肉張力不足的關係，我得每天帶著她到處去復健，頻繁請假去大醫院做早療，只能退出十幾年的行政工作。

帶她很辛苦，有很多說不出的苦，沒有朋友能訴苦，我開始寫文章紓壓，寫了八本書，有了三十六萬粉絲。

她的就學，讓我深刻體會特殊孩子和父母的辛苦，到全國各校做了六百三十場的融合教育宣導。

因為爭取她的受教權，嘗盡人情冷暖，重新定位生活中所有角色的重要性和價值。

每天準時下班，多出很多時間陪伴孩子，安然地度過了兩個驚濤駭浪的青春期。

放棄了行政工作，我才能跟著工程師到處去旅行，看遍日出，騎著重機徜徉在山林。

在最絕望時沒有往下跳，才發現撐過最難的那個坎，才能看到當年全面性遲緩的妹妹，今天也能過得這麼快樂，進步這麼多。才能看到當年拒學、休學完全放棄自己的兒子，能成為大學生。

我沒有為她犧牲，而是做了不一樣的選擇，有了完全不同的人生。

和孩子說「對不起」

簽書會上，有一位媽媽問我，她對孩子非常照顧，拉拔到都上大學了，只為了一次不小心侵犯了孩子的隱私權，小孩不顧媽媽這麼多年的照顧，完全不跟媽媽說話，訊息不看、電話不接，媽媽覺得沒有那麼嚴重，但是孩子很生氣。

我跟媽媽說：「我們對孩子無微不至的照顧，跟我們犯錯侵犯了孩子的隱私權是兩回事。」

在孩子長大以後，我就不進他們的房間，一部分是因為踏進去我大概會中風，實在是亂到讓人看不下去。另一部分是因為那是他的領地，房門關起來，他不做違法的事，沒有影響其他人，我就會尊重他。但是在他房間以外的地方，他必須尊重這個房子裡的人。在家裡是互相尊重的，不能因為那是我買的房子，我就可以任意去侵犯他的隱私權。

大孩子最討厭情緒勒索，記得有一陣子，兒子常常讓我心煩，我跟他說：「你小時候我為了你犧牲了什麼、做了什麼……」他打斷我的話說：「又不是我叫妳做的！」

當下我當然覺得難過，你怎麼都不感謝我對你的付出？後來冷靜想想自己的成長過程，孩子不是不感謝我對他的照顧，而是現在發生的衝突和我用心照顧他這兩件事並沒有相關。如果工程師因為很愛我，任意檢查我的手機和信件，我也能因為愛他而不生氣嗎？他雖然愛我，但是有些事情就是不能做。

衝突的當下一直說以前，小孩會不耐煩聽。一再把我們的付出拿出來說，把感謝說到都沒了。

我們都教育孩子做錯事要道歉，但是我們犯錯的時候，有沒有好好道歉呢？孩子不願意接電話、不願意看訊息，是不是因為不想再看到犯錯的任何理由？我是因為愛你、關心你、擔心你、為你好才這樣做。

我跟那位媽媽說：「如果妳真的覺得侵犯孩子的隱私權是自己錯了，那就好好道歉。孩子不點開訊息、不接電話，那就直接傳給他對不起三個字，即使不點開訊息，孩子也能看到妳的道歉。」

要孩子有大人樣，我們要先把孩子當大人看。我們期待孩子長大後能有獨立思考的能力，能夠獨當一面負責任，卻又要求他完全服從，不能有自己的想法和情緒，就會有很多的衝突。不要讓我們對孩子的付出和愛，被生活中的衝突消耗殆盡。

讓孩子想回家

那天的新書分享會，有一位媽媽看起來很悲傷，她說她常常跟小兒子起衝突，孩子會在她的面前揮拳頭，老公在她出門時跟孩子們說：「媽媽終於出門了，我們自由了，想做什麼就去做什麼！」大小孩因為家裡常常吵鬧也不想待在家裡，總想出去。媽媽覺得很難過，辛苦為這個家庭做這麼多，換來的是這樣的對待。

她常常聽我說「媽媽快樂整個家都快樂」，但到底要怎樣媽媽才能快樂？

我跟媽媽說，以前還沒有開始寫文章的時候，每天大概四點半起床，連假日都不例外，我總排定週末的時候打掃，星期天起床以後就開始掃擦整棟房子，尤其是平時比較用不到的地方全部都要擦一遍，每個禮拜還要排一個重點區域來打掃。

兒子們那時每天都要練球到晚上，八、九點工程師才接回家，假日連星期六都要練球。我星期一到五也要上班，還要帶妹妹去復健，星期六去上體操，他們累，我也好累呀！

但是家裡還是得要打掃，我安排星期天早上起床後開始打掃，剛開始還能輕鬆愜意地慢慢擦，但是夏天天氣熱，掃完都九點多了全身汗。妹妹六點就起床了，我還要一邊顧妹妹一邊打掃，打掃完煮早餐。他們父子三人可以一直睡，睡到快十點才慢慢下樓問我：「早餐吃什麼？」那一刻真的很想叫他們去吃×！我都快累死了，手快斷了，馬上又要準備午餐了。平常我也要上班呀！為什麼只有我辛苦打掃？假日還要煮三餐，我也好想休息呀！

很多事情剛開始真的是心甘情願的，但是一件全家的事壓在一個人身上，長期下來就會累積心裡的不甘、不公平和身體上的疲累，真的會讓人喘不過氣，說話當然夾槍帶棒的。工程師難得有一天假日，一起床就看到一個臭臉，當然也不開心。

那時他跟我說：「要不我們找個人幫忙打掃，妳就不用這麼辛苦了，鐘點費我出。星期天的時候我們出去走走在外面吃午餐，這樣妳就不用煮飯了！」哇，當然好！所以從那時我們就請了一位朋友幫忙打掃，每個星期打掃四個小時。從那時候開始，我只需要做日常的清潔和整理就好，頓時覺得壓在身上的重擔一下子卸掉了。

你以為工程師很體貼，他也不過是想要好好過生活。

從那時候開始，我也不踏進孩子們的房間，不再催促他們整理房間，我們每個人管好自己的私有領域，在公共空間像是客廳、廚房就得要尊重他人，要把該做的事情做好。

找出讓我們壓力最大、家裡衝突最大的事情，想辦法解決掉，不要把所有責任和工作攬在身上，做到流汗卻被嫌到沒有一點好。

給每個一起生活的人有各自的空間、適當的自由，把好心情和時間留給孩子們，別讓我們的付出變成家人的壓力，讓自己和家人找到最舒服的方式生活。

上禮拜兒子說要回家，我告訴他：「整個週末我都在忙，星期六早上校慶，下午要去演講，晚上六點才會到家。星期天要在台南辦新書分享會，沒有時間陪你們。要不要延後一個禮拜回家？」

兒子說：「我還是很想回家呀！至少星期五、星期六晚上可以跟妳一起吃飯，而且這個禮拜不回家，這樣就會隔很久才回家。」

當下我立刻替他們訂了高鐵票，想回來就回來吧！

讓出外讀書的孩子都想回家，家裡和諧了，孩子自然就想要留在家裡。願每個人都能找到被疼惜的生活方式。

不要執著在最差的一科

一回到家，妹妹就開心地拿出保鮮盒，「媽咪，這是我做的喔！捲得很漂亮吧！」

看著她開心的笑容，我跟她說：「真的做得很棒耶！這是我看過最漂亮的牛角麵包了！」

她一蹦一跳地走進客廳說：「明天可以當早餐，很好吃喔！」

拿出數學作業，要畫立體圖，她畫完，一直狂笑，「媽咪，妳看我畫了什麼？太好笑了！」畫成了四不像，我說：「畫得出來就好，沒關係的，我也不會畫！」

有一位媽媽傳訊息問我：「孩子其他科目都還好，唯獨數學很差，我們花很多時間教他，可是都教不會，每次寫數學母子就起衝突，孩子痛苦，父母也痛苦，該怎麼辦才好？」

我也遇到一個孩子，其他科都還可以，但是數學怎麼教都聽不懂，因為沒有成就感，對數學非常反感。

我跟媽媽說：「與其讓他放棄學習，我們不如放棄數學。」

孩子厭惡數學到想拒學的狀態，完全沒有學習動力，本來其他科還不錯的，卻因為沒有學習動力成績一片倒。

如果孩子每一科都能學會當然最好，但是對某一科完全排斥時，就需要取捨。我們不要強求學不會的那一科，而是增強孩子優勢，讓孩子從學習中找到成就感、找到興趣，至少不要放棄學習。

十幾年前，我曾經教過一個孩子，當年從小五開始學英文，他一竅不通，到六年級畢業，英文沒有及格過，怎麼教單字就是背不起來。沒想到這孩子上了高職的餐飲科，參加比賽得了獎，出國去比賽，還留在國外當了餐廳的主廚，用英文溝通無礙。

我家妹妹也是，國小時每一科都考個位數，畢業時問我能不能不要再讀了，可是現在卻每天為了在學校學會的事物感到驕傲和快樂。

孩子有了自信，學習得到成就感，最弱的那一科在他需要的時候會在對的時間找到適合的方式學習。可是如果我們執著在孩子最差的那一科，把所有時間和精力、對學習的熱忱全部用在補救，小孩只會感到挫敗，最後放棄的可能不是一科，而是學習的動力。

堅持是好的學習態度，但是適時的取捨和停損是智慧。

太多書在教如何教出學霸，我只能和你一起陪伴學障的孩子。

只有喜歡還不夠

上國語課時談到夢想，要努力要堅持才能圓夢。

小孩問我：「老師，那妳以前打桌球隊，怎麼沒有堅持下去？說不定就能去打奧運。」

有時夢想不切實際，嘗試後發現只有身材高大不夠，還要協調性和爆發力。打了幾年發現自己只是能打，但是不適合全職當選手，興趣就只能是興趣，夢想不一定能成真呀！

以前有個學生總是說他要去打NBA，每天抱著一顆球衝球場，到國中也參加了籃球校隊，但是身高不夠，無法當主力，即使這樣也沒有放棄自己的夢想，還是一直喜歡打籃球，長大後他沒能去NBA，也沒有當上籃球國手，卻成了知名大學籃球隊的體適能教練。

夢想雖然不能百分之百完成，但是會為目標努力讓自己變強變厲害。

我從國小四年級開始打桌球，打到國中應該算是訓練最密集的時候，我們代表的八斗國中，當時常常拿到基隆市的雙料冠軍，但是也僅止於此，我沒有任何的個人排名成績，雖然喜歡打球，但是我清楚自己在桌球上沒有天分，只是因為身材優勢能進入球隊，但是無法在這個領域有成績。

看清楚自己的能力就需要放棄和排序，年紀不一樣，夢想也會隨著改變。

當時如果父母阻止我參加球隊，或許現在我會埋怨他們阻擋了我的國手路，當自己真的試過，才能清楚自己根本不適合，而不是誰阻礙了我。

那時是真的喜歡打球，即使上了女中還是繼續打球隊，但是學校沒有把桌球隊列入重點，我們就只是幾個喜歡打球的夥伴固定練球，連教練都沒有，我們才會到海大去找校隊練習，然後我就這樣遇到工程師。

我沒有因為喜歡打球而當上國手，卻找了一個相守一輩子的人，所以有興趣和夢想很重要呀！

這是一個原本想當國手卻騙到一個老公的故事……

先把自己照顧好

常常有人問我，該如何度過剛知道孩子遲緩的那段日子？該怎樣調適收到身障手冊的心情？

剛發現妹妹全面性遲緩時，當然很慌亂，到處看醫生做檢查，接下來就是漫長的早療。她的進步超緩慢，慢到讓我覺得自己一無是處，懷疑自己是不是都在做沒用的事。

在她兩歲時，工程師看我每天奔波在她的復健和繁重的工作中，長期情緒低落，他要我辭去行政職去讀研究所，利用兩年的假日，週末把三個孩子交給工程師，我專心讀完了碩士，薪資晉級，替自己加了薪。大概是得到喘息，手頭寬裕，有了成就感，我脫離了專注計較她進步速度的日子，慢慢開朗起來。

從她四歲開始，除了帶她上早療、上體操，剩餘的時間我愛上了烘焙，每天看著自己能做出很多麵包和蛋糕，在社團裡分享成果和食譜，還考了兩張丙級證照。我心裡想，如果哪一天她沒有書可以讀了，我還可以陪著她開個小小的甜點店。

她的體操課上了八年，每個禮拜帶她去上課時，我會在隔壁的咖啡廳悠閒地喝杯咖啡、吃豐盛的早餐，讓自己好好休息。

搬到新家以後，烤箱沒有適合的地方可以安置，我開始做機車模型、袖珍屋、羊毛氈，這兩年開始騎重機。

算一算，我從她小二開始演講，到現在已經七年了，跑了六百三十個學校，去宣導融合教育、特殊教育，希望能有更多老師和家長接納像妹妹一樣辛苦的孩子。

我怕了交朋友也沒有人能訴苦，所以每天凌晨起來寫文章，把心裡想說的話都寫在文章裡。

去年十月脊椎開刀，出院後醫生囑咐一定要躺著休養，那幾天非常痛苦，因為什麼事都不能做，一整天我只有一個感覺就是「痛」。只要翻身、移動，甚至起床就覺得痛，受不了動彈不得的感覺，我銷假上班，白天有二十四個小孩要照顧、要上課改作業，分散了注意力，竟然不覺得痛了。

我才恍然大悟，原來我一直都在做療癒自己的事，把時間填滿讓自己不會胡思亂想，不專心沉溺在孩子的困難上，帶妹妹得不到的成就感，我自己從興趣裡去找，想盡辦法成就自己，把自己照顧好了，我才有這麼多的力氣和能量來照顧孩子。

陷入困難時，不要專注在痛，不要沉溺在悲傷中，做開心的事分散注意力。不從孩子身上找成就感，我就不會為她的成績感到失落，不會追著她的進步焦慮。

當我開心的時候，孩子就開心、整個家都開心。所以我很重要，先把自己照顧好了，我們才能照顧身邊這些重要的人。

家長和老師能給的不一樣

以前帶過一個孩子，幾乎天天遲到，每天都有不同的理由，睡過頭、吃早餐吃太晚、整理書包……還跟我說她媽媽超兇的，像虎姑婆一樣，每天都對著她大吼大叫。

但我每次看到她媽媽都很優雅美麗，一點也不像虎姑婆呀！

打電話跟媽媽詢問，媽媽說她每天都急著要到台北上班，看到小孩拖拖拉拉，要叫好幾次才起床，好不容易終於起床了，看著她換衣服、吃早餐，媽媽急得心臟都快跳出來了，她還在慢慢摸。

當然每天都會忍不住怒吼，要她快一點、快一點，但是她都無關緊要好像沒聽到一樣。媽媽很絕望地跟我說，她自己是一個企業的專業講師，都在替學員做教育訓練，但卻對自己孩子的懶散無能為力，每天早上催出門、下班以後催作業，弄到家裡烏煙瘴氣，實在很痛苦。她也不想每天像是潑婦罵街一樣，但是真的想不到辦法。媽媽一直跟我道歉：「老師，我真的盡力了，對不起。」

我跟媽媽協調好，「小孩長大了，起床、準時上學、寫作業都應該是她自己要負責的，既然提醒都沒有用，那就都不要提醒她，讓她自己面對遲到和缺交作業的後果。」請媽媽跟孩子說清楚，從隔天開始不再叫她起床催出門，跟孩子約定每天作業幾點前要完成，準時上床睡覺。

那媽媽是一個專業的講師，在工作上是很有能力的女強人，一定有很多寶貴的經驗和待人處事的方法，我希望媽媽給孩子的，是別人得不到的媽媽獨有的能力。如果母女每天都為了遲到、催功課這些小事吵架，那媽媽什麼時間可以跟孩子分享經驗？如果母女的關係很糟，這些寶貴的經驗和能力，孩子根本聽不進去，實在太可惜了。

經驗傳承的重要工作交給媽媽，讓孩子準時上學、準時交作業的工作交給我就好。

這孩子超級喜歡閱讀，每一節下課都坐在位置上專注地看課外書，她的文筆超好，在學校乖巧，實在看不出來在家裡是媽媽形容的那個樣子。我把她找來談話，跟她說好只要遲到，那一天就不能看課外書，遲到三次，要寫一篇五百個字文章，寫清楚遲到的原因和改善的計畫。作業缺交、沒有訂正，就要到我面前來補寫、訂正。

我問她：「為了幾分鐘的遲到，不能看妳喜歡看的課外書，作業不訂正就要來我面前訂正，這樣值得嗎？」「妳這麼優秀又聰明，真的需要老師這樣規定管理嗎？沒有把該做的事情做好，想做的事情就不能做，這樣妳甘願嗎？」

我跟媽媽聯手合作，媽媽不提醒、不怒罵、不碎唸，我在學校嚴格執行跟她說好的方式，才幾天她就受不了，為了可以看課外書，前一天早一點睡、設了好幾個鬧鐘、跟同學約了一起上學，給自己提早出門的動力。為了早睡，她的作業也提前完成，不想在我面前訂正，她在寫功課之前會先檢查前面有沒有錯誤。

媽媽在家裡破口大罵都沒辦法改變的這孩子，只要遲到我就把她找來冷冷的談話，花一段時間緊盯她，終於把她遲到四年的壞習慣給改掉了。在家裡減少了這些會讓母女衝突的問題，就換媽媽給孩子別人不能給的能力。那孩子在六年級時，代表班上去參加英文演講比賽，替好幾本童書寫了導讀文，她的能力實在讓人驚豔。

當我們的方法對一個孩子無效的時候，我們想想其他的辦法。一個孩子被怒罵習慣、被提醒習慣，就會越來越被動，叫一下動一下，只要沒有人提醒，就不會主動去做該做的事情。

家長和老師能做的、能給的也不一樣，我們分工合作，目的一致。

如果能優雅美麗，誰想當潑婦？

不只是生了孩子

那天問工程師，背了我的黑鍋他介意嗎？他說：「那哪有什麼？也不是妳願意的。」

有人跟我說，不該在文章上討論痔瘡，有損形象。我還有什麼形象？我寫的都是真實人生。

剛結婚就懷孕，我們背了房貸，兩個人又分隔兩地，光是油錢就不少，手頭是真的緊，有人說懷孕了就得擦妊娠霜，一條幾千元，我沒有錢買，只能擦擦一般的乳液讓漸漸變大的肚皮不要太癢，所以肚皮上就長滿了密密麻麻的紅色斑紋。妊娠紋會慢慢變淡，懷孕時怵目驚心，現在幾乎看不見了。

我原本沒有痔瘡的，懷孕時火氣大，兩個哥哥都三千五百克，孩子重往下壓，尤其是懷第二胎的時候，工程師住在新竹，我常常得一個人挺著肚子還得抱著哥哥，痔瘡更嚴重，常常磨到出血不止。不能亂吃藥，只能擦擦藥膏，真是痛苦不堪。

因為肚子大壓迫膀胱，頻尿的狀況嚴重，有時上課沒有注意尿意，就得了尿道感染，大概幾分鐘就想上廁所，尿的時候痠痛到極點，嚴重時還會血尿，那時種下了病因，現在只要一憋尿就立刻血尿，所以我每天都得吞蔓越莓錠，深怕一不小心就復發。

懷孕時還是得要照常上課，常常得站一整天，雙腿水腫，腫脹到鞋子都穿不進去。

三個孩子都剖腹產得接上尿袋，光溜溜地躺在產檯上，因為半身麻醉，手術室裡的寒冷、要面對開刀的恐懼，我不知道是因為害怕還是冷，從脊椎打入長長一根麻醉針的痛楚，每次躺在產檯上都抖個不停。

生完以後麻藥退掉，肚皮上將近十公分的傷口痛到絕望，來探望的朋友們又喜歡說笑話，一激動就扯動傷口，每次人群走了以後，我都很想哭，「別來呀！我好想好好休息呀！」

第一次坐月子對我來說也很痛苦，後來才知道我得了產後憂鬱症，看到孩子哭我就跟著哭，哭個不停，坐月子的每一天我都得開車出門去看看海才能緩解情緒。

老大超難帶，半夜哭鬧直到一歲多，工程師在新竹，一整年我從來沒有一覺到天亮，長期的疲憊又懷老二，上班時挺著肚子抱著老大，先爬四樓把孩子送去給保母，下班再去接孩子，一整個晚上每隔兩個小時就起來哭鬧。老二出生後更慘，一個抱前面、一個背後面，送去給保母我再去上班，站一整天下班，再爬四樓去接兩個孩子。尤其是下雨天，沒有手可以撐傘，站在租屋處樓下找不到鑰匙，三個人淋得濕漉漉，一個哭，另一個也哭，我也好想哭。

生完兩個哥哥後我的子宮後傾嚴重，在懷妹妹的時候讓我非常難受，腰痠背痛很嚴重，常常是坐下去就站不起來，動不了。懷妹妹時我胖了十七公斤，身體的負擔重，水腫、痔瘡更厲害。

懷妹妹很不順利，一直出血，最後一個月急診住院安胎，每天打針，小心翼翼卻還是提早破水剖腹早產。

最可怕的是生完以後肚皮鬆垮，每生一胎就多了幾公斤留在身上，有很多人都說應該要運動減肥。生兩個兒子時年輕體力好，恢復快，生妹妹時三十五歲了，要上班又要帶兩個兒子，回家還要煮飯，有時間運動的人真的很厲害，但我沒有，每天都為了接這個、送那個，家庭、工作疲於奔命，所以年輕時曼妙的身材早就回不去。

有人說我去運動就能消滅鬆垮的肚皮，可是孩子要送去哪？工程師回到家都已經七、八點，沒有人可以換手，媽媽想要獨處，為自己做一點事，根本是天方夜譚。

不要嘲笑女人的痔瘡，不要蔑視生完後發胖的女人，不要嫌棄哄著吵鬧不休孩子的女人，不要怪罪終於忍受不了大發脾氣的媽媽。生養一個孩子真的很不簡單，不只是生了個孩子，而是改變了女人整個身體、整個生命。

我最討厭有人說嫌累就不要生，誰不想養天使小孩，誰知道有時就不小心生了惡魔，是真的累呀！累了還不讓人抱怨一下，是要不要讓人活？

懷孕時得了痔瘡我一點也不覺得丟臉，一切都是為了孕育我孩子的不得已。我沒有做錯什麼，只是生養了孩子。

Chapter 6

陪著你受傷，
陪著你成長

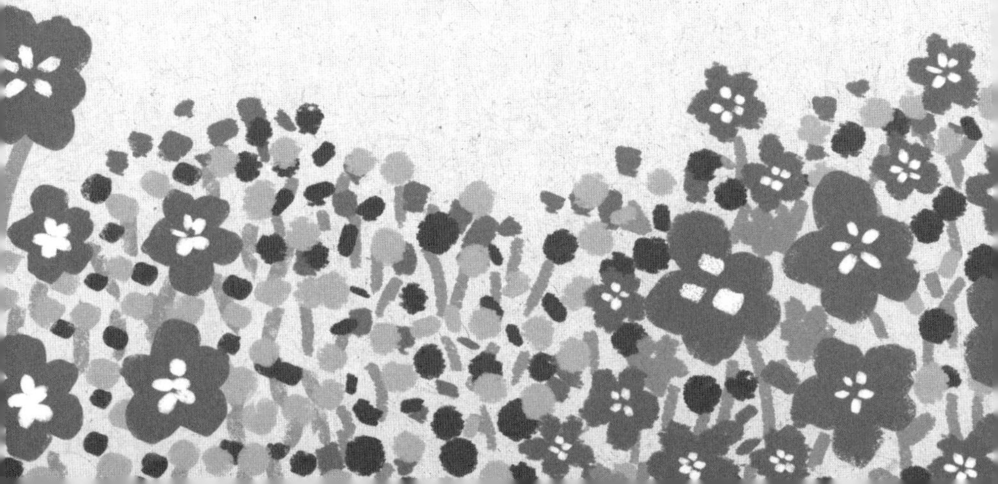

破繭而出的機會

遇過好幾個拒學的孩子，每個孩子不想上學都有他們踏不出門的原因。

其中一個單親的孩子，因為受過重大的創傷，極度沒有安全感。媽媽無業在家裡照顧兩歲的妹妹，讓她只想躲在家裡不想上學，在她到我班上之前，有很長一段時間都沒有上學了。才剛開學就曠課好幾天，來一天，又失蹤好幾天，我得頻繁地開車去家裡找她，電鈴按到快要壞掉，媽媽才願意來開門。

但是她跟同學相處是融洽的，在學校裡總是跟同學有說有笑，上學是開心的，我想她只是想要留在家裡，而不是害怕上學。

要讓她願意離開家，我和幾個同學集資讓她兩歲多的小妹妹去上幼稚園，要媽媽每天陪她坐公車上學，給孩子獨占的一段陪伴，滿足孩子對媽媽的依附。

原本我們都以為不想上學的孩子會不喜歡寫作業，剛開始我也不敢給她功課，可是我發現她的字寫得很漂亮工整，程度也不錯，即使曠課幾天，她國語考試的成績也不差。我把孩子找來，讚美她考試考得很好，「哇！妳看妳的成績多好，妳很過分耶！這麼多天沒來，還考這麼好，如果每天來，不就考一百分了！妳的字很漂亮耶！如果從今天開始妳跟同學寫一樣的功課，妳會不會覺得太多？」

她的數學在資源班上課，在教室只有國語作業，對她來說一點也不難。只要她有來，她一定把功課整整齊齊地寫好交來，回到學校來，也會把那幾天缺的功課自動補好。尤其是要考國語的那天，她絕對不會缺席，拿到考得很不錯的考卷，她會露出非常可愛的微笑。

我發現，她只是想跟大家一樣。

因為家境非常清苦，生活狀況很糟，我替她們通報了《蘋果》基金會，

《蘋果》基金會替她們募到了八十幾萬，一個月給她們兩萬五千元，扣掉房租後還綽綽有餘。但是我和輔導老師發現因為長期貧困，她們不會管理手上的錢，剛開始領到錢的那幾個月會想盡辦法把錢花光、亂買一通，經過我們商量之後，請蘋果基金會一個月降為兩萬，夠用就好，還可以多領幾個月。

請《蘋果》基金會把支票寄到學校給學務主任，要求媽媽每個月到學校領，讓主任跟媽媽談，告訴媽媽只要曠課支票就會晚到幾天，媽媽為了準時領到支票，想盡辦法帶著孩子出門上學。

生活穩定了，媽媽的功能就浮現出來了，國語成績和整齊的作業給了這個孩子成就感，在教室裡沒有霸凌和惡意，甚至交了幾個朋友。到了六年級，她再也沒有拒學過，就連生病了也會到學校來。

想起我自己曾經考不上大學的挫敗、找不到存在的價值；想起憂鬱症那幾年踏出教室就覺得恐慌不安；想起我的孩子受到霸凌拒學的那段時間的痛苦，也想起每一個曾經害怕上學的學生。

每個孩子拒學的原因都不一樣，我們有沒有辦法靜下心來看見孩子內心的恐懼，去了解孩子踏不出家門、踏不進校門的原因？給這些把自己關在家裡、辛苦的孩子一個破繭而出的機會。

帶著孩子解決問題

小孩大概是真的累了，就連幫他蓋上我的披肩，他都沒有醒來。他通常都是體力充沛的，一整天蹦蹦跳跳，站在我面前就一直跳舞。這大概是他第一次上課睡著，就連下課鐘響都沒吵醒他。接著是打掃時間，同學要叫他去打掃，我請他們先別叫，讓他再睡一下。

醒了以後我問他：「是不是身體不舒服？還是吃了藥？」他都說沒有，我想應該就是週一症候群，週末玩得太累，早上和中午都去參加球隊的訓練，上一節又是體育課，體力真的耗盡了，那就好好休息二十分鐘，至少下一節可以好好上課。

另一個女孩，五年級常常在上課時睡著，我找來摸摸額頭，「有不舒服嗎？前一天幾點睡？」小孩說放學後去上英文的那幾天都會晚回家，還要寫作業，睡眠都不足。

「那妳覺得該怎麼辦？」要補英文的那幾天先在學校找時間把作業寫完，這樣回去就不會寫太晚。前一天太晚睡，隔天到學校早自習睡一下，這樣一整天才有精神上課，果然上課睡著的狀況改善很多。

星期一放學時，她很開心地跟我說：「老師，我今天的功課都寫完了，這樣補完英文回到家就可以直接洗澡睡覺了！」我說：「妳太棒了，學會調整時間真的很厲害！」

帶著孩子解決問題，而不是解決陷入困難的孩子。

勇敢保護你自己

有一年，孩子在上課時說要去上廁所，回來時告訴我：「老師，我經過××班的時候，有個同學比我中指。」我問她：「你們之前有糾紛或不愉快嗎？」孩子說沒有。「那妳希望老師出面幫妳處理這件事嗎？」孩子點點頭。

下課後我帶著她到××班，徵詢老師同意後，請那孩子出來，直接問他：「請問你剛剛對她比中指嗎？」他點點頭。「你們有吵架或是不開心嗎？」「都沒有？只是因為好玩？」「你知道比中指的意思嗎？有沒有任何原因讓你這樣對她？這樣的行為是很不禮貌的，我們一點也不覺得好玩。」

「如果是我，我會覺得非常不舒服，請你以後不可以這樣對待她，請你跟她道歉。」對方同學同意了以後，我看著他的眼睛當面告訴我們班的孩子，「他同意以後不會惡意對待妳，如果再有這樣的狀況，妳一定要告訴我，我會再來問問他為什麼要這樣做。」處理完了以後，我謝謝他們班的老師，請老師處理後續教育的部分。

回到教室，我當著全班的面讚美這孩子，「她做得很對，在外面受了委屈，有人惡意對待或欺負你們，一定要告訴我，不能忍氣吞聲，這樣的狀況不立刻制止，有第一次就有第二次，而且會越來越過分。」「我們讓他和他們老師知道他的行為是不對的，他就不敢再繼續。如果之後再有類似的行為，我還是會出面替你們制止他。」

「我不喜歡我班上的孩子被欺負了，我卻是最後一個知道。我也不喜歡你們被欺負了，卻只是忍耐。遇到惡意的行為，要告訴對方你不喜歡，如果無法制止他，就要跟老師和家長求助，剛開始就要讓他停止，不要讓對方覺得欺負你沒關係，欺負你很好玩。對著我的學生，就連一個比中指的手勢，我都不能接受。」

「如果處理完了，他還要來報仇或找麻煩也一定要告訴我，來幾次我處理幾次。」

每一次只要遇到這樣的事情，我都會很慎重地去處理。霸凌的開始就是惡意的開玩笑、任意的對待，沒有及時讓這些隨意的欺負停止，就會變本加厲。

教育孩子保護自己、尊重別人，是很重要的一件事。

受傷的孩子

在學校裡任教二十幾年，我看過許多受傷的孩子。每一個孩子的背後都有一個傷心的故事。

面對傷痛，他們說不出口、無法抵抗和反擊，卻以各種失序的行為和傷害自己的方式來求救。

十幾年前，我曾遇到一個女孩，她跟著單親的爸爸生活。爸爸說冬天很冷，要女兒跟他一起睡，每天晚上跟孩子玩壓制的遊戲。洗澡的時候，爸爸說要檢查她有沒有洗乾淨，會闖入門鎖早已壞了的浴室……她知道這樣不對，但是她推不開沉重的爸爸。每次洗澡，她都得緊張兮兮，深怕爸爸闖進來。

不知道該如何拒絕爸爸的她，對班上的男生充滿敵意，只要一點小事，就大吼大叫、崩潰大哭。

另外一個在學校很開朗活潑的孩子，每天晚上卻都得承受患有精神疾病的媽媽發病時的吵鬧、摔東西和尖叫。有一次，媽媽又發病大哭大鬧，孩子受不了，用毛巾緊緊勒住自己的脖子，沒能結束生命，卻在脖子上留下明顯的勒痕。

而如果沒有那道勒痕和滿臉的哭斑，我竟然沒辦法知道在學校開朗活潑的孩子承受這麼重的壓力。

還有一個轉學來的孩子，他攻擊性超強，一不順心，就直接朝同學的喉嚨和下體打去。在上一所學校，這孩子對於同學對他的排斥、老師的不接納、老師與媽媽之間的衝突……不斷讓他傷了同學，也傷了自己。媽媽更為了他的行為，陷入嚴重憂鬱。雖然孩子最後換了環境，但還是需要花很多時間來修復。

我永遠無法忘記那位媽媽告訴我，如果當年不是有我們幫忙，讓她和孩子接受心理諮商，她幾乎都快活不下去了。

還有一個在球隊裡被教練放棄的孩子。他受到隊員的冷嘲熱諷，對課業也完全放棄。但沒想到，他開始攻擊自己的手，把手剝到體無完膚。跟我對話時，身體焦慮到不斷搖晃，說沒兩句話就情緒失控。

在一次上課跟同學發生衝突時，那孩子告訴主任，「我好想從三樓跳下去。」

沒有安全感的孩子，用憤怒來掩飾心裡的害怕；對生活感到絕望的孩子，用結束生命逃避現實；對環境失去信任的孩子，用暴力來武裝自己；被放棄的孩子，想要從世界消失……

要讓受傷的孩子重拾對人性的信任，我們得想辦法看見這些孩子心裡的傷，接納他們的樣子，並不斷地替孩子想辦法。如果這條路不通，就再換另一條，一定有方法能接住這些陷入困境的孩子。

學校的輔導老師替孩子們和父母安排了心理諮商。透過心理師的介入，讓孩子們卸下心防，重新和現實連結，說出心裡的傷痛，也跟老師、父母一起想辦法解決問題。

不要只看見孩子脫序的行為，不要嫌棄失去動力的孩子，不要忽略孩子求救的訊號，要用不同的角度，看到孩子想透露出來的訊息，也更貼近孩子真實的感受。

這是一門不管老師或家長都應該要正視的課題。我們都該讓孩子好好活著，好好長大。

當孩子在求救

批改作業的時候，看到孩子的作業上有斑斑血漬，讓人看了怵目驚心。花了兩節課的時間，我仔細觀察孩子的行為，那孩子才上一堂課就開始睡覺，原本活蹦亂跳的他，球隊不去了，下課也坐在位置上發呆。

沒有怪他把作業弄髒，把孩子找來聊聊，握住他的手問他：「你怎麼了？發生什麼事了嗎？」孩子眼眶一紅，告訴我：「沒事。」「那老師問你，為什麼你的作業簿上面有血呢？你想不想告訴我發生什麼事呢？」

孩子說：「就一個小傷口流血了，不小心弄到作業簿上……」如果是其他孩子說是不小心滴了一、兩滴，我不會有太多想法，但是感覺那血漬是抹上去的。這孩子的家裡狀況頻頻，我擔心又是發生了什麼狀況。我摟住他的肩膀問他：「家裡發生什麼事了，對嗎？」孩子顫抖著哭了起來。

這孩子五年級的時候活蹦亂跳，上課皮得要命，常常帶頭起鬨說笑話，幽默又可愛。還是個運動健將，每天笑容滿面，那帥氣陽光的樣子真讓人喜歡。可是孩子突然開始有拒學的狀況，常常說不舒服要請假，常常作業缺交、成績一落千丈，即使到了學校面對缺交的作業，他也無精打采地趴在桌上不想應付，告訴他寫完才能去球隊練習，對他來說竟然也沒有任何吸引力，不寫，就是不寫。

原來是家裡的經濟出了突發狀況，大人慌亂，連帶著孩子的情緒、生活作息也都跟著受到影響，孩子擔心媽媽想不開、擔心媽媽離開，不想上學，常常說頭痛、肚子痛、想吐，只想留在家裡看著晚上跟爸爸大吵傷害自己、白天不斷昏睡的媽媽。

我緊緊抱著那孩子，告訴他：「這個時候把自己照顧好，就是對媽媽最好的方式。媽媽現在很慌亂，如果你可以把自己照顧好，媽媽就不需要花那麼多時間在擔心你，這樣媽媽就能專心把她自己的問題處理好，對嗎？」

我和輔導老師把媽媽約來聊聊，了解家裡的狀況，跟媽媽說：「妳現在面對困難的方式，都刻印在孩子的心裡，成為他以後處理事情的模版。看著妳用傷害自己的方式在處理，以後他會用什麼方式面對問題呢？我知道很困難，我們再想想看解決的方法，給孩子最好的示範。」

當孩子焦慮時，會用各種方式來求救。

如果沒有看到他作業簿上的血漬，我可能會忽略他眼裡的無助；如果那女孩沒有偷竊，我可能不知道她心裡的孤單和空虛；如果那孩子沒有默默望著窗外掉眼淚，我恐怕也沒機會把她從被性侵的困境中救出；如果孩子上課沒有打瞌睡，我沒辦法知道他躲在棉被裡玩手機玩到深夜；如果沒有看到那孩子脖子上的紅痕，我不會知道她前一天試圖結束生命。

每個有狀況的孩子，都是在討愛，在期待著有人可以帶著他們走出困境。

看到孩子不好的行為時，多觀察一下下，去察覺孩子的焦慮，孩子要告訴我們的是什麼呢？

不讓任何一個孩子受委屈

有一天早上剛到學校，孩子就怯生生地來跟我說，前一天放學後上課輔班時想上廁所，卻忘了帶衛生紙，教室的門也鎖了，只好跟同學借，男同學不借她，還大聲開玩笑：「妳可以用衛生棉擦呀！」接著就有人說可以用竹片、可以用報紙，引起哄堂大笑。

當小孩告訴我這件事，我立刻去隔壁班跟老師說明後，找了那同學過來，我問他：「你昨天跟我的學生說了什麼？」

他說：「我開玩笑開過頭了，我知道我的嘴巴很賤呀！」

我的眼睛直直地看著他的眼睛，「憑什麼別人要承受你的嘴巴壞？知道自己的嘴巴壞，就應該改，而不是仗著自己的嘴巴壞隨便去說別人，更何況衛生棉是可以這樣拿來跟女生開玩笑的嗎？」「她有沒有罵你或惹你？你們是吵架嗎？都沒有，那就是單純你針對她欺負，這樣對嗎？」

「你覺得是開玩笑，好玩嗎？你覺得好玩，對方也覺得好玩嗎？」「拿別人緊急的事情來開玩笑，讓大家一起嘲笑她，讓她當眾難堪，真是過分！」

「請你管好自己的嘴巴，不可以這樣隨意開玩笑，你這樣太不尊重我的學生，請你好好地跟她道歉。」

一整天下來，這樣的小事常常發生，但是每一次只要我知道，我一定好好的處理完，請壞嘴的孩子當面道歉，還會對著我們班的孩子說清楚為什麼我在意這件事，我讓孩子們知道，隨意開口傷害別人我一定處理，被人欺負，我也一定出面，絕對不讓任何一個孩子受委屈。

孩子對老師的信任就在這一刻，當孩子被欺負時，我們是不是心疼？有沒有出面挺她？即使是被罵一句話，我也要對方好好跟她道歉。在乎每個孩子被對待的方式，在乎每個孩子對待別人的態度，禁止學生間隨口罵人、隨手打人的行為，讓孩子好好說話，是一件非常重要的事。

這時候不為孩子出面，其他同學就會有樣學樣，可以隨意地跟她開玩笑、嘲笑她，小孩看著的不只是霸凌行為，還有我們大人對應的態度。

很多霸凌始於無底線的玩笑，很多霸凌始於大人的漠視。

情緒重置很重要

當導師要有一個很重要的能力，就是「情緒重置」。

每天面對二十幾個小學生的行為，尤其是有危險時、小孩很盧講不聽時，當然會生氣，我都會提醒自己要盡快把情緒重置，重新開機，這樣就不會氣一個孩子氣太久。

有一次上美勞課時，我帶著孩子們做中國結，有一個情緒困擾的孩子還沒開始做就哭了，「我怎麼可能會？這麼複雜，我怎麼可能會？」我找他過來教了兩次，請他多看幾次影片後，又請同學做幾次後帶著他做，但是他都困在「很難」的情緒裡，不願意跟著動手。「這個我以前就不會做，嗚……」

看他沉浸在挫敗裡一直哭，我告訴他：「今天先這樣，你先去喝水休息。」隔天一早，他看起來心情很不錯，我熱情地跟他打招呼，跟他聊兩句以後，請班上球隊的女隊長帶著他一個步驟一個步驟把中國結打好了。看到他漂亮的作品，我請他把聯絡簿拿過來，當著他的面寫：「今天××一到學校就想辦法完成昨天的美勞作品，超棒的！下次面對困難也要像這樣想辦法解決，××很棒。」

我沒有告訴家長孩子一直哭，沒有怒罵他不動手，交不出作品沒有給零分，而是讓彼此的情緒重置以後，等他情緒穩定再來帶著他完成作品。下一次的美勞課他又開始焦慮時，我告訴他：「上次的中國結你也說很難哪，可是最後成功完成了，還做得很漂亮！這次的更簡單了，你一定可以完成的。」

如果我在當天他挫敗我生氣的時候寫聯絡簿，我在生氣的情緒中寫下憤怒的語句，家長看到孩子又哭了也生氣，孩子因為沒有完成還被告狀超挫敗，永遠記得他沒辦法完成——這樣是三輸。

我等隔天終於教會他了，我開心地在聯絡簿寫下讚美，家長看到很開心獎勵孩子，孩子得到一次成功的經驗——這樣是三贏。

如果我向家長告狀，回家家長會再罵他一次。給零分，這個失敗的經驗就會在他的記憶裡一輩子。我寫上他有努力完成作品，孩子說媽媽有稱讚他，還給他吃了布丁，這就是一個很棒的成功經驗。

老師和家長當然會生氣，但是情緒重置很重要，給衝突的彼此冷靜的時間，不要急著寫聯絡簿、急著傳訊息，想想怎樣才能創造三贏。

給孩子一個重新開始的機會

新接五年級的時候，打電話給家長們，想跟家長認識一下、問問孩子的狀況，也留下自己的聯絡方式。

看了之前的輔導紀錄，也聽到家長對孩子的擔憂，我跟家長說：「這些事都過去了，這些小時候的狀況我看起來都沒有太大的問題，我們給孩子重新開始的機會。媽媽，妳要對我有信心。」

有一年開期初IEP的時候，媽媽不斷數落著自己的孩子，「妳不知道她多壞，講都講不聽，一直偷東西，偷同學的東西，連老師的都偷，丟臉死了！」「妳不知道她有多厲害，妳以後就知道了！」

我告訴媽媽，「妳現在說的我都知道，資料上面都清清楚楚。但是現在是五年級，我們都不要再提之前的事，我想要給孩子一個翻身的機會。如果她要一直背著中年級的那些評價，我也用同樣的方式對待她，她沒有機會被喜歡，那她還要努力嗎？反正爛到底了，還需要改變嗎？」

所有犯錯的孩子都有她背後的原因，會一再重複同樣的錯誤，之前用盡各種方法都改變不了她，代表沒有人找到她心裡的缺憾，她很辛苦呀！

「媽媽，妳都不支持她，誰來喜歡她？」

媽媽很不認同我的想法，想告訴我我的想法有多天真，不斷的想要讓我清楚孩子的壞習慣有多嚴重，但是我相信沒有孩子想要讓所有人頭痛和討厭，我可以想像這個孩子的處境有多辛苦，該如何帶這個孩子？該如何讓她有改變的機會？我又要如何讓她改變？

連家人都厭惡她，孩子得不到愛，同住的家人一直說著要把她送出去，不想跟她一起住，孩子沒有安全感；沒有人教育她該如何照顧自己，對她身上的骯髒，只露出嫌惡的表情，因為身上的臭味，讓同學都避之唯恐不及，她沒有任何朋友；學業表現極差，又頻繁偷東西，在學校也得不到任何成就感，還三不五時會被威脅要送去警察局。這是惡性循環，孩子心裡的問題沒有被解決，又一層一層加上去。

我沒有辦法替代家人給她愛，先改善她的衛生習慣，要求她要洗頭洗澡、換衣服，出門前要檢視自己的儀容；讓她嘗試著開始寫減量的作業，從交出來的作業得到存在感。

在她去上資源班的課時，我不斷提醒班上的孩子要對她友善，遇到擺臉色給她看的、惡意排擠她的，我都會找來聊一聊。看到有孩子願意釋出善意，揪她一起去上課、搬包裹的，我都公開讚賞和獎勵。

資源班老師設計很多獎勵方式，讓孩子從自己的努力得到想要的文具、髮飾，讓她可以用點數換很多福利和同學一起參與，只要有好表現，她可以揪好朋友一起去遊戲室玩桌遊，可以一起享用老師準備的下午茶。輔導老師也替她安排了小團輔、心理諮商，讓孩子心裡的話能有出口。

才半年，那孩子身上乾淨了，身邊開始有了朋友，在乎同學的感受；她正常交作業了，每次交作業我都誇獎她寫得越來越好，從努力中得到成就感，她戒掉了長期偷竊的習慣。

如果連一個習慣偷竊的孩子都能被徹底改變，那麼還有什麼樣的孩子不能改變？

我從來不怪媽媽沒有功能，因為那媽媽也有很多狀況需要協助，自顧不暇，沒有能力處理生活的困境和孩子的問題，每次跟我們談話就崩潰大哭，這不是媽媽的錯，她讓我看到一個來不及長大就得承受家庭壓力的孩子。

要改變一個孩子，需要很多人一起努力，我很感謝跟我一起幫助孩子的資源班老師、輔導老師，從各方面來補足孩子心裡的缺憾。

我們都給孩子一個翻身重新開始的機會，都想想怎麼幫助這個陷入困境的孩子，而不是想著放棄她。

說不出口的愛

那天到文教機構演講，參加的有許多安親班老師、美語老師。

我很清楚安親班老師的工作，小孩在學校被限制了一整天，到安親班就像是被關籠子的鳥終於放風了，情緒、脾氣、壓力、課業困難……在安親班真實展現，安親班老師比起學校老師，在管教孩子上困難許多。

但是我跟老師們打氣：「你們的工作很重要，很有意義。」

從很多年前開始，我跟輔導老師黃為寧發現學校裡有些家境辛苦、單親、隔代教養的孩子放學回家後沒有人可以幫忙課業，有的甚至連晚餐都沒得吃。好幾個會因為作業交不出來，隔天到學校跟班級導師發生衝突，孩子在教室的處境也辛苦。

我和輔導老師討論後，跟附近幾個安親班聯繫，他們願意替我們安置的孩子減免部分費用，我和輔導老師自掏腰包、跟姐妹募款，加上好幾位網友的固定支援，這些年我們陸續安置了上百個孩子放學後在安親班裡，減少了很多在學校交不出作業跟老師們的衝突，也讓孩子們的課業穩定下來。有些可以讀書的、成績好一點的，我們也資助這些孩子上英文課。

這樣的安置做了好多年，常常聽輔導老師告訴我每個孩子的家境和背景，我們在期末發年菜、米、物資、助學金時，也給這些孩子一份。我負責找物資、找錢，其他的聯繫、安置、關懷都是輔導老師做的，我跟這些孩子都不認識，沒有特別的感覺。

有一年帶的畢業班特別穩定，很多人都說我是燒好香，雖然低收、中低收、清寒、隔代教養、單親的孩子有一半以上，但是每一個都超乖的，從來沒有人缺交功課，每天早自習我踏進教室時，比我早到的孩子都自發性的安安靜靜地在閱讀，我也想問問：我的運氣怎麼這麼好？

聽輔導老師說我才知道，原來我班上就有好幾個孩子是我們長期協助的孩子。以前常聽她說，其中一個低年級時常常哭鬧不休，有個孩子功課交不出來，跟老師有很大的衝突，還有一個課業都跟不上，成績低落，另一個回到家都沒有人，只能在小公園遊蕩，連晚餐都沒得吃。這幾個孩子有很多情緒和課業上的狀況，我訝異地發現，輔導老師不說，我根本無法想像，在教室裡我都沒有發現他們有這些問題。

因為我們長期的關懷，讓孩子的作息穩定，放學後不用面對空蕩蕩的家，不會到外面去遊蕩，有溫熱的晚餐可以吃，有安親班老師指導課業，再加上輔導老師做的小團輔、紙藝課，讓孩子情緒穩定，在教室因為作業的問題都解決了，不會跟老師起衝突，成績都很不錯。

這些看似無憂的孩子，每一個都有辛苦的故事。

我從來沒有想過原來我們做的一點點，竟然可以讓孩子們有這麼大的穩定和改變。

那年一個單親的女孩幾乎隔兩天就做一個戒指給我，我會戴著上課一整天，我知道她說不出口，但是在用她的方式，謝謝我們那幾年的照顧。她說：「老師，我做了七個戒指要送給老師們，第一個是給妳的。」

孩子說不出口的愛，點滴都在心頭。感謝這麼多年，陪我們一起幫助孩子的每一位。

能做的只有盡力陪伴

詢問安置機構的孩子需不需要訂購外套，意外得知幾年前畢業的她被安置在這個機構。她國中被安置，高中又被安置，我心裡有滿滿的不捨，這麼小的孩子呀！這麼需要父母陪伴的時候，一直被安置在機構裡，我很捨不得，也對她的父母無法理解。

我詢問社工她需要什麼？社工說：「其實她的物質很充裕，就是很需要有人陪伴和關心。」我們立即排定了最快的時間，跟輔導老師一起去探視她。

黃為寧輔導老師前一天做了很多小飾品要送給機構的每個孩子，我們帶了些沒有開封過的零食和一瓶乳液要送給她。

到學校後等待她下課，我們跟社工聊了很久，她說了很多孩子現在的問題和無法理解的行為，我依據跟她相處兩年的了解說了我的想法。社工眼睛張好大，「原來是這樣，終於解決我的疑惑了！我有想過她可能是妥瑞，但是沒有人支持我的想法。這樣我下次帶她去就醫的時候，就能跟醫生討論確認。」

社工說她表現出來的行為比同儕幼稚，跟同學很容易因為小事起衝突，很不像這個年紀該有的表現，感覺心智年齡和行為停留在國小。我說：「因為她國小狀況多、衛生習慣差，朋友很少，國中被安置時只有一個同學，她幾乎沒有跟同儕玩耍的經驗，我想她應該是不知道怎樣跟別人相處。」

孩子推門進來眼眶就紅了，她說：「我到今天才知道你們要來，看到你們我好想哭！」我上前給孩子一個緊緊的擁抱，「我都不知道妳在這裡，不然早就揪黃老師來看妳了！」我們聊了整整一個小時，印象中國小在我班上兩年，我們沒有這樣對話過，當時她表達能力很弱，幾乎沒辦法說清楚一整段話，我花很多時間處理她的行為問題，跟她的對話，幾乎都是詢問事件經過，沒能像這樣放鬆的聊天。

我們都覺得這麼小的孩子需要家庭的照顧和父母的陪伴，但是昨天她侃侃而談，說了好多這幾年發生的事，聽到她的遭遇，讓我驚訝不已。

是我們那兩年盡心力看顧的孩子呀！這些年這麼辛苦。

當家庭失去功能甚至陷入危險時，能有這樣一個安全的環境讓她不受傷害、好好地上學，有關心她的社工老師陪伴、有充實的課程增進能力、有穩定的生活作息維持生活，深深覺得抽離家庭來安置，原來對她是最好的安排。

有時我們只看事情的表面就輕易下批評和判斷，深入了解後才發現自己的想法錯得離譜，在她這麼苦的人生中沒有其他選擇，我們無法改變她的家庭、她天生的限制，能做的只有盡力的陪伴了。

要走的時候她很捨不得，一直說還有時間，跟她約定好我和輔導老師一定會再找她放假的時間來探視她，會提前跟社工討論好時間，帶她去吃飯聊聊天。

回程開了將近一個小時的車，跟輔導老師討論很多現有的個案和家庭，我們想要做得更多，希望能從家庭和照顧者開始努力增能，給更多孩子支持和成就感。想做的好多呀！想到這些家庭和孩子，有好多想法。

希望我和輔導老師能有足夠的動力和智慧，把承擔的這些責任做到最好。

妹妹，別怕

妹妹很少哭，從小就是一個看起來柔弱但是堅強的孩子，很少哭鬧，就連開罐頭割傷了手，她也只是「嘶」的兩聲，自己止了血。

四歲上體操課的時候，站在平衡木上含著眼淚顫抖著走完。

一個人進手術室要跟我分開，她紅著眼眶緊握著我的手，要我在外面等她，不能離開。

國小上體育課的時候，被同學的羽球拍打到臉，她臉都腫了，卻只跟我說同學不是故意的。

國中畢業典禮那天，學妹因為她要畢業哭得唏哩嘩啦，她只是抱著學妹安慰，沒有掉下一滴眼淚。

做牙齒矯正三年，嘴巴都被牙套磨破了，吃不了東西，她沒有一句抱怨，沒有說一聲疼。

但是那天醫生跟她說門牙需要植牙，還要做正顎手術時，她嚎啕大哭起來，她問我：「媽咪，怎麼辦？妳會幫我想辦法嗎？妳會陪著我嗎？」

其實我也好想哭，我緊緊抱著她說：「一定能找到方法解決呀！有這麼多醫生幫忙，這個手術沒有要立刻做，妳的年紀小可能還不能做，我們跟醫生再做一些檢查和評估，討論到最好的方法再來處理，沒問題的。」

她哭著說：「妳說過有方法就很幸運對不對？」

隔天早上我用訊息跟姐姐正在討論她的狀況，她突然問我：「媽咪，其實妳很擔心對不對？」我說：「妳為什麼這樣問？」妹妹說：「因為妳一直皺眉頭呀！看起來很不開心，是不是我的牙齒很難處理？」

我告訴妹妹：「我沒有擔心呀！只是心疼妳這麼辛苦，做這些手術都會不舒服，怕妳痛。」妹妹說：「只要能把牙齒弄好，痛一下沒關係的。」

妹妹呀！別怕，有我和爸爸在，沒問題的。

真的很捨不得這孩子需要經歷的磨練、需要承受的苦痛，只希望一切都能順利。

我不想擔心，但是為什麼淚流滿面。

用愛和耐心陪伴

幫班上的孩子們買美勞材料時，我都會自費多訂一份帶回家，妹妹看到我在做就會湊過來看看，有興趣的會要我多訂一些讓她試試看。

之前從學校帶了一個香包回來，她很喜歡，我們一起上網挑了十幾個，她想到就拿一個出來練習。陪著她完成了一個香包，不太順利，她一直穿錯洞，沒有及時發現就得拆掉重來，光是把邊緣的線縫好，我們花了整整一個小時，一遍又一遍。隔天一起床她看著說明圖，用白膠把配件一個一個黏上去。

這個做不好沒關係，我們還有十幾個練習的機會。

她喜歡看寶可夢，上了好幾年的黏土課，她一邊看就會把黏土課做的寶貝全部排出來，為了她喜歡捏黏土，我們家有各種顏色的黏土，她需要時可以隨時取用。

她喜歡畫畫，為了讓她信手就能畫，我們家大大小小的畫冊大概有幾十本，蠟筆、彩色筆、水彩各式各樣的著色用具不知道有幾盒，讓她想畫的時候隨手就能拿來畫。

之前去演講時常常有人問我：「該怎樣教學習障礙的孩子？」

如果我有方法，她應該就能學會認字、寫字和算數了呀！我找不到能教會她寫字、算數的方法，所以我做的從來就不是教她，而是順著她的喜好和需要，在她有興趣的時候提供必要的材料和工具。

缺少材料時，我和她把需要的東西列出來，用她自己的方式記錄，帶她去基隆最大的文具店，我在門口等她，讓她自己進去找到自己需要、想要的文具，找不到時她得開口問店員，自己結帳。

帶著她買過幾次便當，有一次刻意挑了早一點比較沒有人的時間，我在車上等，讓她下車買了五個炸雞腿便當，她得幫每個便當選四樣菜。

一上車，她興奮地告訴我：「媽咪，我幫妳選了妳愛吃的茄子和苦瓜，我幫我自己買了咖哩和蒸蛋、高麗菜喔！」「我記得二哥喜歡吃辣，我有幫他點了麻婆豆腐，大哥喜歡吃番茄炒蛋，爸爸好像沒有特別喜歡的，就點和妳的一樣，這樣對不對？」我說：「妳還幫每個人點了不一樣的菜呀！真是厲害！」

買自助餐的便當面對十幾道菜，要在幾秒鐘時間決定哪個人要配什麼菜真是有些難，但是她做起來卻開心又有成就感，在選擇時可以思考到每個人的喜好，平時少不了觀察每個人的飲食習慣，勇氣和貼心是帶著她不知道買過多少便當訓練出來的。

因為受到支持，所以她的興趣都能持續很久，透過不斷的嘗試和練習，從日常生活中學習做事情的態度和方法，熟練後就不覺得害怕。

曾經有一位校長告訴我：「上智與下愚不移，最頂尖和最下層的人無法改變。」要我不用為特教這麼努力。用事實證明，只要透過正確的方法，耐心地陪伴和等候，她學會了這麼多能力，進步這麼顯著，時間花在她身上最值得。

還有人要我不要用「已經盡力」來當作教不會孩子的藉口，我就是盡力了，我就是已經做到最好了。

冷眼看別人的努力批評很簡單，跟我有相同處境時，要做到跟我一樣淡然太困難。

她一輩子不可能頂尖，但是一定能好好照顧自己、善待他人。

陪妳準備好

開學後，妹妹放學都是坐火車到基隆，我再去火車站接她。可是星期四下午我在彰化演講沒辦法接，她坐火車回到基隆後，要自己坐公車，再走十分鐘才能到家。

我有一點擔心，因為我只陪她坐過一次公車，而且那次公車開超快讓她有點害怕，一不注意就會過站，沿路仔細地告訴她看到哪個建築物或標的物。星期三的時候她可能有點緊張，再三跟我確認，「媽咪，是不是在煎包店下車？」「是不是看到加油站就要按鈴？」「過馬路要走斑馬線對嗎？」

昨天下午我在高鐵上，二哥傳訊息給我說他開車去接妹妹。可是沒有跟妹妹約好，火車站附近可以接的地方太多，妹妹會找不到地方。我跟他說：「火車站附近不能暫停，你們沒約好會找不到人，就讓妹妹自己搭車吧！」

知道妹妹自己搭上公車了，大哥說會在家裡等她，問她幾點會到家，他會幫妹妹開門。

妹妹一直傳訊息給我：「上車了！」「到基隆了！」「我在公車上了！」「我下車了！」最後傳了一張社區的照片給我，讓我在高鐵上也為她開心。

她真的很棒，雖然很害怕卻沒有抗拒自己去嘗試，回到家以後滿身汗也沒有抱怨，對於自己又獨立完成一件事超開心的！

她說：「媽咪，上高中以後做了好多以前沒有做過的事，本來覺得很可怕、我不行的事，原來我都可以呀！」

陪妳練習、陪妳準備好，讓妳帶著勇氣勇敢去嘗試。

捨不得你的眼淚

放學時，我會看著所有小孩跟著路隊離開學校後我再回家，前天因為放學後跟主任討論事情晚了一點，因此騎重機回家時遇到了落後在隊伍後面的那孩子和阿嬤。

看到那孩子一邊走一邊哭，我把車子停在路邊走過去，孩子看到我以後哭得更傷心了。

我問阿嬤：「怎麼了？剛剛排隊的時候我跟他說要乖乖去找阿嬤回家，他還好好的呀！」阿嬤說：「我也不知道，孩子看到我就嚎啕大哭，看得我也好想哭。」一看阿嬤眼眶都紅了。我問他：「你怎麼了？」口語表達能力不好的他說：「哭哭！」我問他為什麼哭哭？他停住眼淚指著我的重機，又露出笑容說：「車車。」

我跟阿嬤說：「啊！是不是今天他沒有把桌子收好，我沒有在他的獎勵卡上面打勾？」孩子聽到我說的又開始哭了起來，我跟孩子說：「老師有提醒你要收好呀！你沒有收呀！明天如果有收好，老師再幫你勾勾好不好？」他點點頭。

隔天到學校，我跟助理員提起他哭的事，助理員阿姨說：「啊！是因為放學的時候特教老師把髒褲子拿給他吧！」我問他：「是不是這樣才哭哭？」他又說：「哭哭。」我說：「沒關係呀！弄髒洗洗就好。」

他發完作業以後拿著獎勵卡給我，指著今天的格子說：「發！」我問他：「你要老師寫有發作業對嗎？」他笑著說：「對，發！」

是不是昨天事情沒有做好被我提醒了？是不是獎勵卡我沒有勾傷心了？是不是弄髒褲子擔心了？是不是說了什麼我沒聽懂？是不是這麼多挫敗的堆疊？是不是有什麼我不知道的委屈？看到心愛的阿嬤就忍不住掉眼淚了。怎麼能這麼辛苦，連傷心的理由都說不出來，看他哭我也好想哭。

口語表達能力弱的孩子真的很辛苦，我還找不到了解他表達的方法，只能半猜半問；還沒找到讓他生活能力提升的方法，只能一邊做一邊問一邊試，再來調整和修正。

捨不得你的眼淚，老師會努力想辦法的。

國家圖書館出版品預行編目資料

你的信任，是孩子最強大的底氣 / 神老師&神媽咪（沈雅琪）著. -- 初版. --
臺北市：皇冠, 2025.5 面；公分. --
(皇冠叢書；第5223種)（神老師作品集；3)

ISBN 978-957-33-4283-0（平裝）

1.CST: 親職教育 2.CST: 子女教育

528.2 114004320

皇冠叢書第5223種
神老師作品集 3

你的信任，是孩子最強大的底氣

作　　者—神老師&神媽咪（沈雅琪）
發 行 人—平　雲
出版發行—皇冠文化出版有限公司
台北市敦化北路120巷50號
電話◎02-2716-8888
郵撥帳號◎15261516號
皇冠出版社(香港)有限公司
香港銅鑼灣道180號百樂商業中心
19字樓1903室
電話◎2529-1778　傳真◎2527-0904
總 編 輯—許婷婷
責任編輯—張懿祥
美術設計—嚴昱琳
行銷企劃—薛晴方
著作完成日期—2025年1月
初版一刷日期—2025年5月
初版三刷日期—2025年10月
法律顧問—王惠光律師

讀者服務傳真專線◎02-27150507
電腦編號◎578003
ISBN◎978-957-33-4283-0
Printed in Taiwan
本書定價◎新台幣350元/港幣117元